U0108069

# 耶穌的叮嚀
## Jesus Calling

莎拉楊 Sarah Young 著

程珮然 譯

**在耶穌的懷裡安歇！**

親愛的＿＿＿＿＿＿

　　在我溫柔的同在中安歇吧。
　我一直在你的靈裡，我全心愛你，
　你要尋求我的面，與我說話，
　　　我就點亮你的心。

～耶穌的叮嚀

＿＿＿＿＿＿＿ 敬贈

謹將本書獻給我敬愛的母親！

她的鼓勵激發我在寫作過程中堅持下去。

她強烈深刻地展現了對我寫作的讚許。

她將書稿放在她的床畔，以便每天早晨都能閱讀。

有一次，當她離家遠行時，

甚至請我將書稿每一天都傳真給她。

在她因癌症辭世後，

我發現她將我的書稿手抄在記事本上。

這位風雨無阻、包括在我叛逆歲月裡；始終為我禱告

的母親，全然地敞開心擁抱我的靈修寫作。

她常掛在嘴上想要撰寫童書的心願，一直未能實現。

但她的情意已透過我寫在本書中。

謝謝你，南妮！你的精神會傳承下去……

## 前言

# 耶穌的呼喚

　　我首次經歷神的同在，是在一個精緻美麗的環境中。當時我住在法國阿爾卑斯山上小村莊（艾峰村）裡的一個基督徒社區，正從事於研究的工作。這裡是一處庇蔭所（L'Abri Fellowship），一個由法蘭西斯·薛華（Francis Schaeffer, 1912-1984）與妻子伊迪芙（Edith）創始於瑞士的國際學生團契事工的分支。當我在庇蔭所時，我自由自在地探險周圍有如仙境的環境。那時是冬末，正午的太陽暖到可以作日光浴。但積雪之深還是無法融化。由純白之雪反射出的燦爛陽光，潔淨了俘虜我心中多年的黑暗。

　　每天我都爬上陡峭的山坡，欣賞令人心靈愉悅的美景。當我站在山頂，我會流連忘返於一覽無遺的美麗山景。在我腳下的是我所居住的村莊，從這高度俯瞰，一座尖頂教堂巍巍聳立在其中。當我旋轉一百八十度，就可以看見日內瓦湖遠遠在我腳下，湖面上折射出耀眼的陽光；似乎在向我大聲問安。而我抬頭仰望，則看見冰雪覆蓋的阿爾卑斯山頂環

繞著我。我讓身體轉啊轉，用雙眼與有限的心智，盡情地飽覽美景。

## 超越知識

身為大學教授的女兒，我一直受到鼓勵要博覽群書與獨立思考。我在衛斯理（Wellesley College）女子學院主修哲學，也幾乎快完成塔夫斯大學（Tufts University）的碩士學業。幾個月前，我哥哥曾要我閱讀薛華所著《理性的規避》（*Escape From Reasons*）一書。令我大為驚喜的是，這本小書回答了我早先棄之為無法回答的問題。吸引我來到這純樸之地的，正是薛華教導的知性品格。雖然引我到這地的是我對真理的追求，但幫助我對神敞開心靈的，卻是神榮耀的創造。

有一天晚上，我逕自離開了舒適溫暖的農舍，獨自走在白雪靄靄的山中。我走進一片樹林的深處，感到自己是何等地渺小；而深自敬畏於這片寒冷的月下之美。林間空氣冷冽乾燥，吸入時覺得寒冷刺鼻。突然間，彷彿有一股溫暖包圍著我。我感受到主愛的同在，不由自主地回應呢喃著：「甜蜜的耶

穌。」如此的表達對我而言極不尋常，使我震驚於自己竟能如此溫柔地對耶穌說話。當我細想這簡短的溝通時，我發現這回應來自於一顆改變的心；在那一刻，我明白我屬耶穌。這遠超越我所尋求的知識解答。這是和宇宙創造主之間的情感關係。

往後一年，當我回到美國，我又再次與耶穌的同在相遇。我正因著失去一段認真的交往關係而悲傷，並質疑身為基督徒，是否真能使我的生活品質有所不同。

當時我在維吉尼亞州擔任技術文件撰寫員。我被差派前往亞特蘭大（Atlanta）參加一個會議。我雖盡職地接受了這份任務，卻毫無熱忱地登記入住了旅館。當我獨自在房間時，一陣強烈的孤單感襲捲了我。因此，我開始漫無目的地遊蕩在亞特蘭大的街道，試圖逃避獨處。我在路邊書攤瞄見了幾本書，並被馬凱倫（Catherine Marshall）所寫的《神恩浩大》（*Beyond Ourselves*）一書所吸引。當晚我讀了這本書，不再感到孤單。我在房間的床邊跪下，感受到一股巨大神同在的愛與平安臨到我。我知道耶穌與我同在，並能感同身受我的心痛。這無疑是我在阿爾卑

斯山遇見的那位「甜蜜耶穌」。

　　爾後的十六年，我過著許多人認為是一種模範基督徒的生活。我進入聖路易（Saint Louis）的聖約神學院（Covenant Theological Seminary），獲得輔導與聖經研究的碩士學位。我在那兒遇見了外子史提夫，他是派遣至日本的第三代宣教士。畢業之後，我們花了兩輪四年期在日本從事植堂工作。我們在第一期的期間裡，有了一個女兒，在休假返美期間；又有了一個兒子。在我們兩輪的服事都結束後，我們返回美國待了三年。我們定居於亞特蘭大，史提夫在當地一間日僑教會服事，而我也繼續在喬治亞州立大學（Georgia State University）攻讀輔導諮商學位。

　　我受訓課程的一部分，就是要在亞特蘭大區一間基督教輔導中心裡工作。能夠幫助深受傷害的婦女在基督裡找到醫治，是我深感珍惜的寶貴經歷。我也感謝恩慈、又有愛心的丈夫，以及我們兩個可愛的孩子，他們是我生活中最大的喜樂。然而，在那十六年裡，卻再也沒有任何「與耶穌同在」的真實經歷。

## 新的尋求：與神同在

1990 年夏天，我開始一段新的尋求。我著手鑽研一本靈修書籍：慕安德烈（Andrew Murray）所著《與基督同在的祕訣》（*The Secret of The Abiding Presence*）。該書主要在表達神的同在，本應是基督徒持續不斷的經歷。慕安德烈強調分別時間在靜默與不間斷的合一裡與神獨處的重要性。

我開始閱讀這本書時，正好處在人生中一個沒有規畫的階段裡。當時我們正在等待澳洲簽證批准下來，以便我們能開始服事墨爾本日僑教會的事工。我辭去工作準備移居海外，努力地調適失去全職輔導工作的失落感。在這重大改變之中，我開始認真尋求神的同在。每天的首要之事，就是準備好聖經、靈修書籍、禱告日誌、筆與咖啡；單單地與神獨處。當我等候神的同在，祂就開始對我顯現祂自己。與神獨處的一兩個小時；似乎太過短暫。

當時我所面對的未知，加深了我與神的親密。外子與我不知要多久才能拿到澳洲的永久居民證，那彷彿是遙遙無期的等待。那段期間我動了四次手術，包括兩次黑色素瘤手術。在那艱困的等候時期，也

在飛往澳洲感覺永無止盡的班機上，一節安慰的經文始終伴隨著我：「你們必歡歡喜喜而出來，平平安安蒙引導。」（以賽亞書五十五章 12 節）

我們在澳洲安頓下來並開始服事。我幫補史提夫在墨爾本建立史上第一間日僑教會的事奉，但我的主要服事是為澳洲婦女提供輔導諮商，她們當中有些人來自可怕的受虐與屬靈綑綁之中。

我們的多元事工使家人陷入激烈的屬靈爭戰，因此，我每天早晨都會禱告尋求神的保護。有天早晨我禱告時，看見神正保護著我們每一個人。我先看到我們的女兒，然後是兒子，接著是史提夫，都被金色光芒般神保護的同在包圍著。當我為自己禱告時，突然間，我整個人籠罩在燦爛的光明與深刻的平安中。當我經歷神如此強有力的同在，我已完全失去了對時間的概念。我並未尋求這般經歷，但我心懷感恩地領受並因此得著力量。

才不過兩三天後，一位接受我輔導的亂倫受害者，開始憶起撒但教的虐待儀式。這種撒但崇拜包含使受害者（通常是年幼的孩子）遭受極邪惡與羞辱的折磨。這位勇敢的受害者與我一同走入她記憶

的黑暗中。但神為了預備我進入這更深的黑暗，之前就先讓我沐浴於祂同在的榮光裡。我發現那段經歷神同在的經驗，不僅是為了我的益處，也是為了預備我去幫助人。

就在同一年（1992），我開始閱讀由兩位不知名的「聆聽者」所著《神的恩召》（God Calling）一書。這些女子操練安靜等候神的同在，隨身攜著紙、筆，記錄下她們從神領受的信息。這些信息以第一人稱寫出，用「我」來表示神。當我住在日本時，有人從美國郵寄了這本書給我。當時我還沒閱讀，但我在兩次跨國搬遷中都保留著它。六、七年後，這本小書成了我的珍寶。它使我對「活在耶穌同在中」的渴望，能夠繼續的銜接。

## 從獨白變成對話

接下來的一年裡，有個念頭閃現：是否我也同樣能在與神合一的時光中領受信息。我撰寫禱告日誌已經好幾年，但這是單向溝通，全是我一人獨白。我知道神透過聖經與我溝通，然而，我對祂的渴求更多、更深。漸漸地，我會在特定日子想要聽到神

親自對我說話。因此，我決心執筆寫作、傾聽神，並記錄一切我相信祂對我說的話。剛開始嘗試時覺得很彆扭，但我確實領受了信息。那是一句簡短、出自聖經且切合實際的話。它表達了與我生活現狀相符的主題：信靠、恐懼與親近神。我把它寫在禱告日誌上作為回應。

我的禱告記事從獨白變成了對話。很快的，信息更豐富地湧出，我也買了本特別的筆記本記錄下這些話語。這種與神溝通的嶄新方式成為我生活的主要焦點。我知道這些內容不如聖經經文啟迪人心，但它們卻幫助我更親近神。

當我默想神時，我不斷從祂那兒領受關於個人的信息。我生命的光景愈艱困，就愈需要造物主勉勵的指引。靜坐在神的同在中，與我在默想時光裡點滴拾起的寫作一樣重要。事實上，有些日子我只是與祂坐著一會兒，什麼也不寫。在這些定睛於神的時光裡，我可能在祂的同在中經歷「滿足的喜樂」（參閱詩篇十六篇11節），也可能單單享受祂溫柔的陪伴並領受祂的平安。在這些執筆靜默、傾聽神的歲月中，我發現祂平安的主題，逐漸成為我寫作

的重要部分。我確定這種趨勢，部分反映了我個人的需要。然而，當我更多了解周圍的人時，我發現多數人也都渴望耶穌平安的恩膏。

改變我生命的一節經文，就是「你們要休息，要知道我是神！」（詩篇四十六篇 10 節）「靜默」的另一種解讀就是「放鬆」、「放手」與「別再苦幹」。這是神迷人的邀請，要我們卸下憂慮並尋求祂的同在。我相信神甚至比我們更渴望與我們獨處的靜默時刻。我也相信祂仍對聆聽祂的人說話（參閱約翰福音十章 27 節），而我在這方面也不斷倚靠聖靈的幫助。就如派克（J. I. Packer）在其著作《天父愛你》（*Your Father Loves You*）中所說：「當我們在神的同在中思量時，神……就引導我們的心意。」

這項聆聽神的操練，比其他任何的屬靈訓練更加增進了我與神的親密，因此我渴望與大家分享我所領受的信息。在這世上的許多地方，基督徒似乎都在尋求耶穌同在與平安的更深經歷。隨之而來的信息表達出他們感受到的需要。當然，聖經才是神無誤的話語；我的寫作必須符合這絕不改變的標準。我從耶穌的觀點寫作；例如第一人稱（我，我的）就是

指耶穌。而「你」則指的是讀者你,因此寫作的形式就是,耶穌正對你說話。

我同時在每日的內容裡附上了引用的經文。當我聆聽神,聖經的經文常會造訪我的心,而我將它們交織入我的信息之中。來自聖經的話語(有些直接引用,有些經過釋義)會以不同的字體標示。有些參考經句會如此標示,有些參照引用則較不明顯;我附上它們是為了增加讀者的閱讀深度。某些經文相當大量的出現於我的寫作裡,這是因為神經常使用這些經文鼓勵我使我得力,將我的視界由「至暫至輕的苦楚」(參閱哥林多後書四章 17 節)提升到祂永恆的眼界。

感恩與信靠的主題也經常出現於我的傾聽時刻。這些主題也經常出現在聖經裡,如果我們想要享受耶穌的同在與平安,心懷感恩與信靠是很重要的。

這些信息都要慢慢細讀,最好是在安靜的地方。我邀請你用寫日誌的方式,來記錄當你等候在神同在裡領受的任何想法或印象。記得耶穌是與我們同在的以馬內利。甚願耶穌以祂的同在及平安,不斷加增賜福與你。

莎拉揚

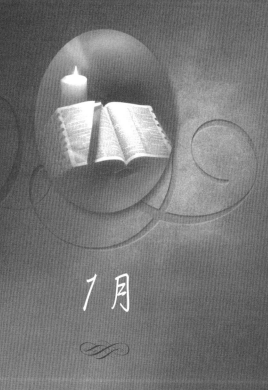

# 1月

我知道我向你們所懷的意念是賜平安的意念，
不是降災禍的意念，要叫你們末後有指望。

耶利米書廿九章 11 節

帶著受教而渴望改變的靈來我這兒吧。
與我親密同行，必能使你的生命不斷更新。不要在
邁入新的一年時還一成不變，你要敞開心靈尋求我
的面，明白你在與我同行的旅程上，必須心意更新
變化。當你定睛在我，要知道我全心全意關注你。
我以堅定的眼神注視你，因為我注意的廣度是無限
的。我全然認識你，了解你；我以永恆的心意愛你。
我也知道我向你所懷的意念是賜平安興旺的意念，不是
降災禍的意念，要叫你末後有指望。你要全心將自己投
身這場歷險，更專注留意我的同在。

羅馬書十二章 2 節；耶利米書廿九章 11 節

在我醫治的同在中安歇吧。當你投注時間與我共處，你的心思意念就會超越今天的計畫與愁煩。將心意帶回我這兒，使你更新並恢復元氣。在你專心思想我時，讓我同在的光浸潤你；如此我就裝備你，使你能面對生活中一切的難處。我喜悅你為我犧牲時間，這也加添了你的力量。要抵擋那些待辦事項的喧囂，不要吝於付出時間與我在一起；因你已經選擇那上好的福分，是不能奪去的。

❧

詩篇一○五篇 4 節；路加福音十章 39-42 節

讓自己在我同在的平安裡恢復精力吧。任何時候、任何景況，這平安都能成為你永久的福分。甚至在你履行世上的責任時，也要學習藏在我面前的隱密處。我與你同在，也在你裡面。我在你前方開路，也與你並肩同行。永遠不會有一個同伴像我一樣委身愛你。

因我是你恆久的陪伴，世人都能看見你腳步輕省。不要被愁煩與未決之事壓垮，因為我背負你的擔子。在世上，你們有試煉與苦難，但別讓它們把你擊倒。因為我已經勝了世界，這些苦難斷不能傷你。在我裡面，你大有平安。

詩篇卅一篇 19-20 節；約翰福音十六章 33 節

我要你養成一個新習慣，在一切事上都試著回應說：「耶穌，我信靠祢。」如果你有時間，就在我的能力與榮耀中思想「我是誰」；也要細想我對你的愛是何等長闊高深。

這簡單的操練會幫助你在一切情勢中都看見我，承認我掌管宇宙的主權。當你透過「我無所不在」的觀點看事情，恐懼就無法轄制你。當你義無反顧堅定倚靠我，逆境就成為成長的契機。你心懷感恩領受祝福，明白這些祝福都是直接來自我施恩的手。當你不斷宣告信靠我，你就堅固了我們的關係，使你與我保持親密。

詩篇六十三篇 2 節；以賽亞書四十章 10-11 節；

詩篇一三九篇 7-10 節

只要你深深倚靠我，就能活出得勝的生命。世人通常將得勝與成功聯想在一起，將它定義為沒有失敗、絆腳，或沒有過犯。但那些自恃其力成功的，卻很容易偏行己路，忘記了我。就是透過難題與失敗、軟弱與匱乏，你才能學會倚靠我。

真正的倚靠不是僅僅要我祝福你決心去做的事，而是帶著敞開的心靈來到我這兒，邀請我將我心所願放在你裡面。我可能會在你內心注入遙不可及的夢想；你知道單靠自己是不可能達成這個目標，這就開啟了你深切信靠我的歷程。這是信心之路，是按部就班在你的需要上倚靠我。這不是持續成功，而是諸多挫敗的路徑。然而，在每個失敗之後會迸發出鉅幅成長，充滿更多對我的信任。透過更深切的倚靠，來享受得勝生命的福氣吧。

詩篇卅四篇 17-18 節；哥林多後書五章 7 節

耶穌的叮嚀

　　我能照著運行在你心裡的大力充充足足地成就一切，超過你所求所想。帶著積極的期待來我這兒，明白我的作為不受任何限制。祈求聖靈掌管你的心志，好叫你思想我偉大的意念。不要因為你許多禱告還未蒙應允而灰心喪志。時間就像個教練，教導你等候我，引導你在黑暗中信靠我。你的環境愈凶險，你愈有可能看見我在當中運行的能力與榮耀。不要讓困苦使你陷入憂慮，反要將它們視為正在為我榮耀的介入布置場景。讓你的眼與心保持敞開，對我在你生命的作為大開眼界吧。

以弗所書三章 20-21 節；羅馬書八章 6 節；

以賽亞書四十章 30-31 節；啓示錄五章 13 節

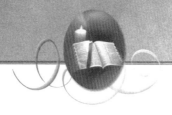

你對我的讚美和稱讚，不可能會過多。就像聖經上記載的，我以我子民的讚美為居所。有時你的愛慕是充滿喜樂的自發反應，回應我耀眼的榮美與豐盛的祝福。有時你的讚美則節制而謹慎，是出於意志的行動。這兩種讚美都同為我的居所。同樣地，感恩也是親近我的捷徑。一顆感恩的心，為我預備了許多空間。

當你因我賜下諸多的喜樂而稱謝我時，你就是在宣告承認我是神，是一切祝福的源頭。當逆境打擊你而你依然稱謝我，你就是在眼所不能見的境界裡展現對我的信靠。要用讚美與感恩填滿你生活的空檔，這種喜樂的操練，能夠幫助你活在我同在的親密中。

詩篇廿二篇 3 節；詩篇一四六篇 1-2 節；

帖撒羅尼迦前書五章 18 節

我溫柔地宣告我的同在。閃耀的榮美光芒輕敲你的意識，尋找一處入口。雖然我有天上地下的一切能力，但我對你只有無限的溫柔。你愈是軟弱，我就愈溫柔地靠近你。就讓你的軟弱成為我同在的入口吧。無論何時，只要你覺得自己不夠好，就要記得我是你隨時的幫助。

在我裡面心懷盼望，我就保護你遠離沮喪與自憐。盼望就像將你連結到天國的金繩。你愈抓緊繩子，我就愈多承受你的重擔；如此你就能減輕負擔。沉重不屬於我的國度，只要你抓緊盼望，我的光就能穿透黑暗照亮你。

詩篇四十六篇 1 節；羅馬書十二章 12 節；

羅馬書十五章 13 節

　　*我與你同在，我是幫助你的。*當你決定採取合乎我意念的行動，天上地下斷沒有任何事能阻止你。在你朝向目標邁進時，也許會遭遇許多阻礙；然而不要灰心喪志，絕對不要放棄！有了我的幫助，你能克服任何障礙。不要期待你我攜手同行是條捷徑，卻要記得我是你隨時的幫助、我是全能的。

　　許許多多的壓力，都是因為你渴望事情在時機到來之前就成就。我宣示主權的主要方式之一，就在事件的時機上。如果你想要與我親近，依照我的方法行事，就要時時刻刻求我向你顯明前方的路。不要莽撞往前方的目標衝刺，而要讓我設定你的步調。慢下來，享受與我同在的旅途。

⌇⌇⌇

羅馬書八章 31 節；詩篇四十六篇 1-3 節；

路加福音一章 37 節

*每次當你堅定信靠我*，就是將一枚錢幣投入我的寶庫之中，你這麼做就是在為危難之時建立資產。我將你投注的一切信任，安全地保管在我的心上，不斷加上複利。你愈信靠我，我就愈給你更多能力信靠我。

在你看似沒什麼問題發生的平順之時，就要練習信靠我。然後當風雨來臨，你的信任結餘就足以讓你度過難關。你藉著信靠我，正在積攢財寶在天上。這項操練會讓你保持在我的平安之中。

詩篇五十八篇3-4節．馬太福音六章20-21節

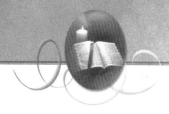

信靠我，放手將控制權交在我的手中。你們要休息，要知道我是神。這是我的世界，這世界為我所造，也為我所掌管。你的責任就是恆切禱告回應我的愛。我在眾兒女中尋求那些體察我的。你要好好保守我放在你心中的恩賜，以我同在的榮光滋養它。

當你藉著禱告把需要帶到我這兒，要將你的憂慮攤開在我面前，坦然告訴我，對我傾心吐意。然後感謝我早在你能夠察知結果之前，就已經讓答案運作在情勢之中。當你心中再度浮現要祈求的事時，要繼續感謝我答案已經要來到。如果你不斷向我陳明你的憂慮，你就會活在緊張、焦慮之中。當你感謝我如何應允你的禱告時，你的心態會變得更加正面。感恩的禱告會讓你始終定睛在我的同在與應許上。

詩篇四十六篇 10 節；歌羅西書四章 2 節；

彼得後書一章 3-4 節

讓我預備你迎向在你面前開展的一天。
儘管你只模糊略知今天會如何，但我卻精確知曉今
天會發生什麼事。你想看到一張地圖，顯示路上的
所有彎道與轉折。因為如果你能想像前方的路是如
何，你就覺得自己更能做好準備。然而，你有更好
的方法來預備面對今天會遇到的一切，那就是與我
共度我倆相遇的精心時刻。

我不會向你顯明前方路上的所有狀況，但我會
為你做好一切啟程的裝備。我真實的同在就是你路
上一步步的陪伴。要不斷與我交通，無論何時只要
你需要重新調整想法，就呼喚我的名字。如此，你
就能定睛在我身上度過這一天。我恆久的同在就是
你手上最棒的地圖。

出埃及記卅三章 14 節；約翰福音十五章 4-7 節

試著將每一天都看作是一場冒險，謹慎地跟隨嚮導的計畫。不要一直注視前面的日子，意圖照你的意思來設定，而要專心仰望我與我為你預備的一切。為生命的這一天感謝我，明白今天是寶貴而無法重複的禮物。信任我每時每刻都與你同在，無論你是否感覺到。心懷感恩與信靠，會幫助你用我的眼光來看待事情。

與我親密同行的生活絕不會沉悶老套。你可以期待每天都有驚喜！要抵擋自己尋求捷徑想要輕鬆度日的念頭，順服我一切的帶領。無論前方的路多麼陡峭艱險，你最安全的地方就是在我身邊。

詩篇一一八篇 24 節；彼得前書二章 21 節

耶穌的叮嚀

讓我用恩典與平安來祝福你。敞開你的心與頭腦，領受我為你預備的一切。不要羞於承認你的空虛。相反地，要將這份空虛視為等候我以平安填滿你的最佳狀態。

潤飾外表，讓自己看來擁有一切很容易。你想讓事事看來順利的意圖，可能瞞得過多數人；但我能透視你，深入看見你的內在。你我的關係裡沒有偽裝，要因我對你全然了解感到歡喜放鬆。跟我說說你的掙扎與自卑感，漸漸地，我會將你的軟弱轉為力量。切記你我的感情充滿了恩典。因此，無論你做什麼或不做什麼，都不能叫你與我的同在隔絕。

撒母耳記上十六章 7 節；羅馬書八章 38-39 節

*我的臉照亮你*，使你閃耀出人意外的平安。你周圍的難題有如汪洋般環繞你，但我就是你的平安，而你與我面對面，只要定睛在我，你就安全。如果你看著周圍無數個問題太久，你就會被重擔壓沉。當你開始下沉時，只要呼求「耶穌，救救我！」我就會拉你上岸。

你愈與我親近，你就愈安全。你的四圍波濤翻騰，遠方還有危險的風浪。要定睛在我，我永不改變。等到那些浪打到你這兒時，它們將會縮小成我所設計的比例。我始終在你身邊，幫助你面對今日的風浪。未來只是幻影，像幽靈一樣想要嚇你，所以嘲笑未來吧！你只要與我緊密同行就好。

腓立比書四章 7 節；馬太福音十四章 30 節；

希伯來書十二章 2 節

　　**來我這兒，安歇在我的平安裡。**你知道今天會帶來困苦，你也正努力憑靠自己的方法度過這些試煉。在你預測前方有什麼遭遇時，卻忘了**我與你同在；從今時直到永遠。**預演困境將造成你不斷經歷它們，但你其實應該在問題確實發生時才經歷。不要用這種方法使痛苦加倍！相反地，來我這兒，在我的平安裡得安息吧。我會使你剛強，裝備你面對這一天，將你的恐懼轉變為信心的倚靠。

馬太福音十一章 28-30 節；約書亞記一章 5、9 節

　　帶著感恩的心來我這兒，好讓你享受我的同在。這是我所定的日子，我要你今天就高興歡喜，拒絕為明天憂慮。要尋求我為你預備的一切，期待豐盛的祝福，並在困境臨到時接受它們。如果你不斷定睛仰望我，即使是最單調的日子，我也能植入神蹟。

　　將你的一切需要帶到我這兒，我必照我榮耀的豐富，使你一切所需用的都充充足足。要不斷與我交通，好讓你在困境中也能超越環境。只要凡事藉著感謝，將你所要的告訴我，我所賜下出人意外的平安，必保守你的心懷意念。

詩篇一一八篇 24 節；腓立比書四章 6-7、19 節

耶穌的叮嚀

　　我領你走最好的路，但途中也有高低起伏。你在遠處看見白雪覆蓋的山巔，在明亮的陽光下閃耀著。渴望登上山頂固然好，但你不可抄捷徑。你的任務是跟從我，容我指引你的路。且讓高山吸引你向前行，但你要緊緊跟隨我。

　　在事情「不對勁」時要學習信靠我。路徑中斷會更突顯你對我的倚靠。心懷信靠、接受試煉會帶來極重無比的祝福。與我攜手同行度過這一天，我滿心愛意為你計畫了每一吋道路。當道路變得崎嶇陡峭，信靠卻不曾減損。深深吸入我的同在，抓緊我的手。只要我們同心，就能一起邁向勝利！

約翰福音廿一章 19 節；哥林多後書四章 17 節；

哈巴谷書三章 19 節

*尋求我的面*，你尋見的會超過你所求所想。讓我從你的內在挪去憂慮。我好似水氣飽和的雲朵，傾洩平安至你心湖。我的本質是要祝福，而你的本質就是心懷感恩領受。這是渾然天成，極其自然的事，在創世之前就設計好了。心懷感恩領受我的祝福即是榮耀我。

我是你追求的目標。當你尋求我，你就尋見並獲得滿足。當次要目標吸引了你的注意，我就褪入你的生活背景裡。我仍在那兒，守護等候著；但你表現得好像孤單一人。其實，我的光會照亮你面對的每個情勢。擴張你的視界將我納入你的每時每刻，你就能活出光采。別讓任何事攔阻你尋求我。

詩篇廿七篇 8 節；腓立比書四章 7 節；

耶利米書廿九章 13 節

在一天開始時，就要知道誰是你的頂頭上司。當你計畫這天時，要記得精心策畫你生命事件的乃是我。在事情依你計畫進行的平順日子，你可能沒有察覺我其實正在掌權且與你同在；在你計畫受挫的日子，卻要尋求我！我也許正在你生命中行重要的事，超乎你意料之事，此時最重要的就是與我保持溝通，接受我的道路高過你的道路。不要試圖釐清發生什麼事。只要信靠我並預先為將至的益處感謝我。我知道我向你所懷的意念：它們都是美善的意念。

以賽亞書五十五章 9-11 節；耶利米書廿九章 11 節

　　*我要你全心屬我*。我要戒除你對其他事物的依賴。你的安全感單單在我，不是在其他人身上，也不是在環境上。單單倚靠我，可能會讓你覺得好像在走鋼索，但下面有一張安全網，那是我永恆的膀臂。因此你不要懼怕落下；相反地，向前看著我，我總在你前面，召喚你前進，你只管一次一步往前行。因為無論是高處的，是低處的，是別的受造之物，都不能叫你與我的愛隔絕。

申命記卅三章 27 節；羅馬書八章 39 節

要竭力地在生命中更多更多的領域上信靠我。任何可能讓你憂慮的事都是成長的機會。不要逃避這些挑戰,而要擁抱它們,渴求獲得我隱藏在這些困難背後的一切祝福。如果你相信我有權掌管你生活的每一層面,你就能在一切景況中信靠我。不要浪費精力後悔事情的演變,或想著原本可以實現的事。開始活在當下,接受事物的現狀,且在環境中尋求我的道路。

在你與我一同上坡行路時,信任就好像你可靠的員工。如果你持續地信任我,這位員工就會背負所有你必須背負的重擔。你要倚靠我,信任我,全心全意相信我。

詩篇五十二篇 8 節;箴言三章 5-6 節

　　*你有人的軟弱，這是沒關係的。*不要因為你的心在禱告時遊蕩而驚訝難過。只要將注意力回轉向我就好。與我分享親密的微笑，要知道我能了解你的軟弱。在我對你的愛裡歡欣喜樂吧，我對你的愛無窮無盡，沒有任何條件。帶著愛，心滿意足地呢喃我的名字吧，你深知我必不撇下你，也不丟棄你。在你一整天的各處豐富穿插這平安的間奏曲，這項操練能夠使你得著溫柔、安靜的心；這在我面前是極寶貴的。

　　當你與我親密生活的時候，我同在的光會透過你照亮世人。你的軟弱與受傷就好像一個入口，讓我榮耀真理的光能透過它熠熠生輝，因我的能力，在你的軟弱上更加顯得完全。

申命記卅一章 6 節；彼得前書三章 4 節；

哥林多後書四章 6-7 節；哥林多後書十二章 9 節

1 月 24 日

我的平安是寶中之寶，是重價的珠子。對贈與人與受贈者來說，這都是極貴重的禮物。我用我的血為你買了這份平安，你藉著在生命風雨中信靠我，領受這份珍寶。如果你擁有了屬世的平安，萬事皆如意，就不會尋求我那不可測度的平安了。當事情不順時，你要感謝我，因為屬靈的祝福總是包裹在試煉之中。在墮落的世界裡，時有逆境，每天你都要預期遭遇它們。但你在苦難中要有喜樂，因我已勝了世界。

馬太福音十二章 46 節，雅各書一章 2 節，

約翰福音十六章 33 節

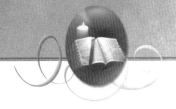

讓我在榮光中，用愛環抱你。靜坐在我的同在裡，領受我的平安。你我這安靜的一刻超越了所有時間，所成就的遠超乎你的想像。獻上你的時間為祭，且看我如何豐豐富富地祝福你和你所愛的人。

透過我們的親密情誼，你就由內而外更新變化。當你定睛在我，我就將你塑造成我渴望的樣式。你的本分是順服我在你身上創造的工作，不要敵擋，也不要揠苗助長。你要享受屬神氣息的生命節奏，讓我來設定步調，像小朋友一樣地信任我，牽著我的手讓我引領你，一步步向前邁進。

希伯來書十三章 15 節；哥林多後書三章 18 節；

詩篇七十三篇 23-24 節

耶穌的叮嚀

放掉幻象，別再認為你的人生應該無憂無慮。部分的你仍在渴求脫離一切困難，渴求獲得解答，這是錯誤的期待！就像我告訴門徒，在世上，你們有苦難。不要將你的指望繫在解決今生的問題上，而要繫於無憂無慮的天堂永生應許上。不要在這墮落的世上尋求完美，而要投注心力尋求我，我是完全的、獨一真神。

在逆境中享受我、榮耀我是可能的。事實上，我的光在黑暗中最能照亮倚靠我的信徒。那種信靠是超自然的，那是心中有聖靈的成果。當諸事不順，無論如何都要信靠我。我對你遭遇的環境是否合適，遠不如對你的態度是否正確感到興趣。

約翰福音十六章 33 節；詩篇一一二篇 4、7 節

　　**信靠是通往天國的道路**。當你走在這條路上，你的生命就超越了環境。我的榮光照在跟從這條生命道路的人身上，閃耀得更顯光亮。放膽與我同行天路，這是通往天國最直接的道路。地上的道路蜿蜒曲折，彎曲分岔糾成使人痛苦的結。那兒空氣沉重，黑暗而不祥的烏雲佔據空中。倚靠自己的聰明會壓垮你；你要專心仰賴我，我必修直你的路。

～

約翰福音十四章 1-2 節；箴言三章 5-6 節

耶穌的叮嚀

我常與你同在，這是我升天前的最後一句話。我一直對聽從我的人宣告這應許。世人用各種不同方式回應我從不間斷的同在，多數基督徒領受這個教導，卻在日常生活中忽略了這個真理。有些被誤導或受傷的信徒害怕（甚至痛恨）我知道他們的言語行為與心思意念；而有些信徒的生活以這榮耀的應許為中心，且發現自己出乎意料地蒙福。

當你刻意專注於我的同在，你生命中的一切就一一到位。當你用心中的眼凝望我，你就能用我的眼光看待周遭的世界。我與你同在的真理，會使你生命中的每時每刻都充滿意義。

馬太福音廿八章 20 節；詩篇一三九篇 1-4 節

**定睛在我**。我已賜你美妙的自由，包括選擇你心靈焦點的能力。惟有萬物之靈才有這種非凡的能力；這是依照我形像受造的標記。

將今天的目標設定，將你所有的心意奪回，使之都順服我。無論何時，當你的心遊蕩偏離，記得要將心思意念挽回到我的同在裡。在我的榮光中，憂慮的意念都會萎縮枯萎。當你沐浴在我無條件的愛裡，論斷的想法都會露出真面目。當你安歇在我平安的單純之中，困惑的意念都能釐清。堅心倚賴我，我必保守你十分平安。

詩篇八篇 5 節；創世記一章 26-27 節；

哥林多後書十章 5 節；以賽亞書廿六章 3 節

單單敬拜我。如果你陷在擔憂之中，擔憂就會變成你的偶像。佔據你心思最多的事物成了你的神。焦慮自有生命，就像寄生蟲般侵擾你的心思。但你若堅心倚靠我，在我同在中重新得力，你就能掙脫束縛。別人的眼看不出、也察覺不到你內心真正的想法；但我不斷讀你的心，我知道你一心想尋找信靠我的憑據。當你的心回轉歸向我，我就歡喜快樂。你要殷勤保守你的心，明智地選擇良善意念，那將會使你與我親密同行。

詩篇一一二篇 7 節；哥林多前書十三章 11 節

我是你的力量與盾牌。早在你起床之前，我就為你規畫預備好了每一天。我也會在每一步上給你所需的力量。不要評估自己的能耐，猜想你在前方會遭遇什麼事，而要專心與我保持聯繫。我的能力會透過敞開的溝通源源流向你。拒絕浪費精神去擔憂，你就能省下許多力氣。

無論何時當你開始感到害怕，要記得我是你的盾牌。不過我不像沒有生命的盔甲，我始終儆醒活躍。我的同在不斷看顧你，保守你遠離已知與未知的凶險。將你自己交託信靠於我的看顧保守，這是你能取得的最佳保全系統。我與你同在，你無論往哪裡去，我必保佑你。

詩篇廿八篇 7 節；馬太福音六章 34 節；

詩篇五十六篇 3-4 節；創世記廿八章 15 節

# 2月

要尋求耶和華與祂的能力，
時常尋求祂的面。

詩篇一○五篇 4 節

一次一步跟隨我；除此之外，我對你別無所求。事實上，這是惟一能在這個世界行得通的方法。你見高山逼近，開始納悶要怎麼測度這些高山。此時，因為你沒有看著目標，你就在我帶領你的平坦路上絆腳。當我幫助你站起來時，你告訴我你多麼擔心前方的峭壁。但你不知道今天會發生什麼事，更不用說明天了。我們的路可能會有急轉彎，帶你遠離那些高山。也許會有一條比從這距離看去更輕省的上山路徑。如果我要帶你爬上山崖，我就會使你裝備齊全，有足夠的條件奮力向上爬；我甚至會託付天使掌管你，一路保守你。

專心在目前的路途上，享受我的同在。行事為人是憑著信心，不是憑著眼見，要信靠我必定為你開拓前方的道路。

詩篇十八篇 29 節；詩篇九十一篇 11-12 節；

哥林多後書五章 7 節

耶穌的叮嚀

　　我正在更新你的心意。當你的思緒漫無目的地遊蕩，它們就很容易會移向難題。你的焦點會被既有的難題打散，圍著它轉啊轉想要得回主控權。這種負面焦點使你的力氣被其他事物榨乾。最糟的是，你看不見我了。

　　心意更新就是定睛於我的同在。要操練你的心在每時每刻，以及一切情勢中都尋求我。有時你在環境中能輕易尋見我，例如當鳥兒輕快的吟唱，或在摯愛之人的笑容與金色的陽光。有時，你必須更深探求來尋找我。我一直在你的靈裡，你要尋求我的面，與我說話，我就點亮你的心。

羅馬書十二章 2 節；詩篇一〇五篇 4 節

## 2月3日

　　我與你同在，我是幫助你的。沒有一件事你是單獨面對的；一件也沒有！在你感到焦慮時，要知道你正專注於眼見的世界，卻將我摒棄在大局之外。要補救很簡單：不要顧念所見的，乃要顧念所不見的。將你對我的信靠化為言語，因我是始終看顧你的永活真神。我會帶你安然度過這一天與你的所有年日；但你惟在當前才能尋見我。每一天都是來自我父神的珍貴禮物。當今天的珍寶正擺在你面前時，想要抓住未來的禮物是多麼荒謬！心懷感恩領受今日的禮物，溫柔地打開並深入探索它。在你品嘗這份禮物時，你就尋見了我。

羅馬書八章 31 節；哥林多後書四章 18 節；

創世記十六章 13-14 節

2 月 4 日

　　把你的軟弱帶到我面前，領受我的平安。接納你自己與環境的本相，記得我主宰一切。不要去分析籌畫而累壞自己。相反地，今天就以感恩與信靠為嚮導；它們會領你不斷靠近我。當你活在我同在的榮光中，我的平安就光照你。你將不再注意自己有多麼軟弱或剛強，因為你定睛在我。度過今日最好的方法，就是一步步與我同行。繼續這段親密之旅，並深信你所跟從的路，正在通往天國。

詩篇廿九篇 11 節；民數記六章 24-26 節；詩篇十三篇 5 節

2月5日

　　**尋求我的面**，你將不只尋見我的同在，還將尋見我的平安。若要領受我的平安，你就必須將緊抓不放的掌控姿態，轉變為敞開與信靠的態度。惟一你可以緊抓不放而不會傷你靈魂的，就是我的手。祈求內住於你心中的聖靈安排你的今天，並掌管你的意念，因為體貼聖靈的，乃是生命、平安。

　　你能透過每日千百種的正確決定，擁有我與我的平安，想要多少就有多少。你會不斷遇到的抉擇就是：要信靠我、還是要擔憂問題。永遠會有事情讓你擔憂，但你能選擇無論如何都信靠我。我是你在患難中隨時的幫助。地雖改變，山雖搖動到海心，你仍要信靠我。

〜〜

羅馬書八章 6 節：詩篇四十六篇 1-2 節

## 2 月 6 日

來我這兒得安息。我全心愛你，我要祝福你使你重新得力。將我吸入你的每個氣息。前方路徑非常陡峭，慢下來抓緊我的手吧，我要教你更深、更難的功課，惟有透過困苦才能學到。

舉起你信心的空手來領受我寶貴的同在。光、生命、喜樂與平安豐沛地湧流在這份禮物中。當你的焦點遠離我，你會去抓住其他事物。在你追求沒有生命的灰燼時，你就丟失了我同在的恩賜；回轉歸向我，你就能重新得著我的平安。

馬太福音十一章28-20節；提摩太前書二章8節

來我這兒安歇，重新得力吧。這趟路途對
你來說太沉重，你已精疲力竭。不要羞於承認你的
疲憊，相反地，要將這視為我掌管你生命的契機。

要記得我能使萬事都互相效力，叫你得益處，包括
你希望能有所不同的事。此時此地，就開始接受這
是我要你所在的位置。你會按部就班，一次一步走
過今天。你的主要責任就是不斷定睛在我，讓我引
導你一路上該如何抉擇。

這責任聽來容易，其實不然。你想住在我同在
中的渴望，會與一些「世界、肉體與魔鬼」相牴觸。
你的疲乏常是因為你在不斷對抗這些仇敵。然而，
你正走在我揀選的道路上，千萬不要放棄！應當再
次仰望我，因我的同在就是你的幫助。

❦

羅馬書八章 28 節；詩篇四十二篇 11 節

2 月 8 日

　　**我超乎一切**：超乎你的困難、痛苦與這多變世界的一切糾葛。當你注視我的面，你就超越了景況，與我一同安息在**天堂國度**。這是平安之道，活在我同在的光中。我保證今生你會不斷遭遇困難，但它們不可成為你的生活重心。當你覺得自己要沉入景況之中，就說「耶穌，幫助我！」我就會將你拉回歸向我。即使你每天必須說千百次，也不要灰心喪志。我知道你的軟弱；因為就在此地，我與你相遇。

以弗所書二章0節；馬太福音十四章28-32節

耶穌的叮嚀　　　　　　　　　　　　　　　　　　　　57

　　**要更多尋求我的面。**你與我的親密同行才正要啟程。這不是條輕鬆的路，但卻是愉快而榮幸的旅程，是一場尋寶之旅。我就是寶藏，我同在的榮光一路閃耀發光。但困苦也是路程的一部分。我精心謹慎地放出苦難，用你無法想像的溫柔控制好劑量。不要躲避痛苦，因為它們也是我最珍貴的禮物。你要倚靠我，不要懼怕，因為我是你的力量，是你的詩歌。

～

詩篇廿七篇 8 節；哥林多後書四章 7 節；

以賽亞書十二章 2 節

信靠我，推掉日常的雜事，使你有充裕的時間與我共處。因為我是全能的宇宙之主，我能為你的益處扭轉時空與事件。你會發現當你與我密切交流之後，你就能事半功倍。同樣地，當你將眼目調頻為與我相同時，你就能分辨出哪些是重要的事，哪些是不重要的。

不要落入不斷勞碌的陷阱。世人奉我之名所做的許多事，在我的國度裡其實是沒有價值的。為了不要徒勞，你要不斷與我溝通。我要教導你，指示你當行的路；我要定睛在你身上勸戒你。

路加福音十章 41-42 節；詩篇卅二篇 8 節

## 2月11日

　　我的平安彷彿是不斷照亮你的金色光束。在陽光普照的日子，它可以融入你的環境。在灰暗的日子，我的平安鮮明地成為你環境的強烈對比。要將黑暗的日子視為讓我的光閃耀輝煌榮光的機會。我正訓練你操練超越黑暗的平安。與我同工一起完成這項訓練，不要疲倦灰心。

約翰福音一章 4-5 節；希伯來書十二章 3 節

耶穌的叮嚀

**我永遠在你身邊**，盤旋在你肩上，閱讀你一切心思。世人以為心思轉瞬即逝，毫無價值，但你的心思對我卻何其寶貴。當你充滿愛意想念著我，我就微笑。我內住在你心中的聖靈，會幫助你思想我的意念。當你的思緒運行，你的全人也依此行動。

讓我成為你積極關注的重心。當你仰望我，明白我是與你同在的神，你就經歷喜樂。這是我亙古以來的設計，當我最初創造人類時就是如此。現代人在別處尋求自己的正面生活重心；例如體育運動、感官刺激或取得新的財產。廣告充分利用了世人想在生活中擁有正面重心的渴望。我在人的靈魂中植入這種渴望，知道惟有我能完全滿足他們。**要以我耶和華為樂，讓我成為你心裡所求。**

馬太福音一章 23 節：詩篇卅七篇 4 節

**2** 月 **13** 日

**願你平安！**從我復活之後，這就成為我給與渴求我的人的話。在你靜坐時，讓我的平安留駐你心，將你擁抱在我愛的同在中。為了給你這份喜洋洋的平安，我像罪犯一樣死去。心懷感恩領受我豐盛的平安吧。這是珍寶，閃耀著細緻的美，卻又堅強到足以抵擋一切攻擊。用君尊的公義穿戴我的平安，它會保守你的心思意念與我親近。

約翰福音二十章 19、21 節；約翰福音十四章 27 節

耶穌的叮嚀

全力面對今日的冒險。信靠你永遠同在的
夥伴,放膽向生命的道路邁進吧。你有一切理由懷
抱信心,因為我的同在會陪伴你生命中的每一天,
直到永恆。不要向盜取你豐盛生命的恐懼與憂慮屈
服。信靠我,直到你能面對迎面而來的問題,不要
嘗試預測它們。仰望為你信心創始成終的我;前方路
上的諸多困難都會在你遇見它們之前就消失。無論
何時當你開始覺得害怕,要記得我必攙扶你的右手。
斷沒有任何事能使你與我的同在隔絕!

希伯來書十二章 2 節;以賽亞書四十一章 13 節

## 2 月 15 日

將你所有肉體、情感與靈性的軟弱帶到我這兒。安歇在我同在的安慰中,記得在我沒有不可能的事。將你的心思拉離問題,好讓你能專注定睛在我。要記得我能充充足足地成就一切,超過你所求所想。不要試圖引我做這做那,而要調整你自己的步調,與我已經著手的工作一致。

當焦慮要見縫插針到你的意念中時,你要提醒自己我是你的牧者。我始終在看顧著你,你毋須懼怕任何事。不要試圖控制你的人生,而要將自己交託在我的旨意中。雖然這聽來很嚇人,甚至很危險,然而最安全的所在就是在我的旨意當中。

路加福音一章 37 節;以弗所書三章 20-21 節;

詩篇廿三篇 1-4 節

## 2 月 16 日

　　感謝我賜下使你必須靜默的環境。不要寄望它們遠離,不耐煩地想要再次採取行動而破壞了這一刻。我最偉大的國度工作有些都是在病床上與監獄中成就。不要憎恨軟弱肉體的有限,而要在環境中尋求我的道路。當你最強烈的渴望是與我親密同行時,肉體的有限反而能使你得著自由。

　　靜默與信靠能提升你的儆醒,使你體察我的同在。不要看不起這服事我的簡單方式。雖然你覺得自己在世上的活動被中斷,你靜默的信靠卻在屬靈的國度裡作出了大能的宣告;因我的能力是在人的軟弱上顯得完全。

撒迦利亞書二章 13 節;以賽亞書三十章 15 節;

哥林多後書十二章 9 節

## 2月17日

　　我是始终照亮你的復活主。你是在敬拜活神，不是在崇拜人所造的偶像。當我介入你生活中更多的層面時，你與我的感情應該充滿活力與挑戰。不要害怕改變，因為我已使你成為新造的人，舊事已過，都變成新的了。當你緊抓著舊方法與窠臼不放，你就是在敵擋我在你內心動工。我要你擁抱我在你生命中的一切工作，單單在我裡面找到安全感。

　　人很容易使慣性成為偶像，在自己為周遭生活建立的界線裡尋找安全感。雖然每天都由廿四小時組成，但每一刻都是獨一無二的情境。不要嘗試將昨天的模式強迫套用在今日。反而要求我開你的眼，好讓你能尋見我在這寶貴一天為你預備的一切。

馬太福音廿八章 5-7 節；哥林多後書五章 17 節

　　　　　　　　　　　　　　　　耶穌的叮嚀

　　我與你同在。這五個字就像一張安全網，保護你不落入絕望。因為你只是人，你在生命中總會起伏跌宕。但我同在的應許不會讓你跌落太深。當你倚靠的人或事使你失望時，你會覺得自己好像自由落體般跌落。然而當你一想起我與你同在，你的看法就會大幅改變。不要哀嘆你的處境，你可以仰望我尋求幫助。你想起我不僅與你同在，我還攙著你的右手。我要以我的訓言引導你，以後必接你到榮耀裡。這正是你需要抱持的態度：安心有我的同在，盼望榮耀的天國。

西番雅書三章 17 節；詩篇七十三篇 23-26 節

你覺得自己被大大小小過多的難題壓垮，它們似乎正向你索求愈來愈多的注意力，但你不可屈服於它們的要求。當你感覺生活中的困難步步逼近，你就要與我共度精心時刻，以求脫困得著自由。你必須記得「我是誰」，我有何等的能力與榮耀。然後，你要謙卑地將禱告與請求帶到我這兒。當你在我同在的光中看待問題時，這些問題就會相形見絀。即使在困境中，你也能學習因著我而喜樂：我是你的救主。倚靠我，我是你的力量；我使你的腳快如母鹿的蹄，又使你穩行在高處。

出埃及記三章 14 節；哈巴谷書三章 17-19 節

## 2 月 20 日

　　要學習活出真正以我為重心的生活。我住在你內心最深處，與你的靈永恆連結，我的平安就不斷在這深處掌管。你無法在周圍的世界、環境或人與人的情感中找到恆久的平安。外在世界在死亡與朽壞的咒詛下瞬息萬變，但你內心深處有平安的金礦，等著你開採。付出時間深入探索我內住同在的豐盛。我要你更多為真實的生命中心而活，在那兒我的愛會永遠抓著你。我是基督，是你心裡榮耀的盼望。

歌羅西書三章 15 節；歌羅西書一章 27 節

2月21日

　　信靠與感恩會讓你平安度過這一天。「信靠」會保護你遠離憂慮與鑽牛角尖;「感恩」會保守你不發怨言與批評,這些都是極容易纏累你的「姊妹罪」。

　　定睛在我即是信靠我。這是你每天必須歷經幾千次的自由選擇。你愈常選擇信靠我,你就愈容易信靠我。信靠的思考模式會蝕刻在你腦中。把問題貶到心思的外圍,好讓我能成為你的思考中心。如此你就能專注在我,把你的憂慮交託在我的看顧中。

歌羅西書二章 6-7 節;詩篇一四一篇 8 節;

彼得前書五章 7 節

耶穌的叮嚀

你時時刻刻都需要我。當你意識到自己不斷需要我，這就是你最大的力量。我妥善照顧你的匱乏，它就連結了我的同在。然而，你必須為一些危險有所警覺，例如自憐、心事重重與灰心放棄。你的不足讓你必須不斷做抉擇：你可以選擇深深倚靠我，或是選擇灰心絕望。你內心感受到的空虛要不就是被煩惱塞滿，要不就是填滿我的同在。不住禱告，讓我成為你意識的中心，當下就湧流出簡單、短篇的禱告。自由地使用我的名，以提醒自己我與你同在。你不住祈求，就必得著，叫你的喜樂可以滿足。

帖撒羅尼迦前書五章 17 節；約翰福音十六章 24 節

月23日

要提防自憐的坑洞。在你疲倦不適時，這鬼魔的陷阱就是你面對的最大危險。你連靠近都不要靠近這坑。它的邊緣易碎，在你發現之前，你就已經跌了進去。爬出這坑遠比與它保持安全距離要困難得多，這也是為什麼我要你留心提防。

你有幾種方式可以自保遠離自憐。當你心中充滿對我的讚美與感恩，你就不可能自憐自艾。此外，你愈靠近我，你就離自憐的陷阱愈遠。定睛仰望我，好使你活在我的光中。如此你就能奔那擺在你前頭的路程，不絆腳也不滑跌。

詩篇八十九篇 15-16 節；希伯來書十二章 1-2 節

## 2月24日

　　靜默在我同在的光中，讓我向你傳達我的愛；宇宙中沒有一種力量與我的愛一樣強大。你不斷注意一切限制：你自己的軟弱與對方的軟弱。但我的愛是無限的；它填滿了一切空間、時間與永恆。

　　現在你彷彿對著鏡子觀看，模糊不清，但有一天你就要與我面對面。那時你就能完全經歷到我對你的愛是何等長闊高深。如果你現在就經歷，你將會被我的愛淹沒粉碎。但你的前方是永恆，這是我向你堅定保證的，在永恆中你就能以無止境的喜樂享受我的同在。至於現在，明白我愛的同在就已經足夠你度過每一天。

哥林多前書十三章 12 節；以弗所書三章 16-19 節

耶穌的叮嚀

在我的同在裡安歇，任我掌管這一天。不要像突然脫韁的賽馬一樣，橫衝直撞地過日子，要與我一同朝目標邁進，讓我一次一步引導你的路徑。要為著一路上的祝福感謝我；這會讓你我都喜樂。感恩的心會保守你遠離負面思考。感恩能讓你看見我每天為你灑下的豐盛。當你的禱告與祈求充滿感恩時，它們就會乘著翅膀飛向天國的寶座。凡事謝恩；因為這是我向你所定的旨意。

歌羅西書四章 2 節；帖撒羅尼迦前書五章 18 節

## 2月26日

　　我一步一步在你的一生中引導你。牽我的手，信賴我、倚靠我，讓我引導你度過這一天。你的未來看似多變難料，脆弱而不可靠，甚至搖搖欲墜；它本來就該如此。未來的事乃是隱祕的，隱祕的事屬耶和華神。當你試圖預測未來，你就是在攫取屬我的事情。就像各種形式的憂慮一樣，這也是悖逆的行為，因你正在懷疑我對你的看顧。

　　無論何時，當你發現自己正在擔憂未來時，就要悔改歸向我。我會向你顯明前方的下一步，以及接下來的路，還有往後的路。放鬆享受與我一同前行，信靠我在你啟程之前就已為你開路。

申命記廿九章 29 節；詩篇卅二篇 8 節

# 2月27日

**定睛仰望我！**困境的風浪襲捲著你，使你想要放棄。當你的環境耗掉你愈來愈多的心力時，你就失焦看不見我。然而，我常與你同在；我攬著你的右手。我完全了解你的情況，我必不叫你受試探過於你所能受的。

你最兇惡的危險就是為明天憂慮。如果你在今天就試圖背負明日的重擔，你就會因為負重而步履蹣跚，最終完全失敗。你必須約束自己活在今日的界線裡。我在此刻就與你親密同行，幫助你背負重擔。因此你現在就要定睛仰望我的同在。

詩篇七十三篇 23 節；哥林多前書十章 13 節

耶穌的叮嚀

*不要論斷別人，也不要評量自己，*因為這不是你該擔當的角色。最重要的，別再與他人比較，因為那會產生驕傲或自卑；有時，兩者皆有。我領著我每一個兒女，走在為他們量身訂做的獨一道路上。與人比較不僅錯誤；更無意義。

不要在錯誤的地方尋求肯定，如你的自我評估，或是別人的看法。真實肯定的惟一源頭，乃是我無條件的愛。許多信徒以為我是難以取悅的評判，憤怒地挑剔他們的毛病與失敗。這真是荒謬至極！我為你的罪而死，好讓我能以拯救為衣給你穿上。這是我對你的看法：你穿戴我的公義外袍煥發榮光。當我管教你，絕不是因我對你生氣或厭惡你；而是要預備你，在永恆中與我面對面團契。浸潤在我愛的同在吧；領受我不斷從恩典寶座上湧流的肯定。

路加福音六章 37 節；約翰福音三章 16-17 節；

以賽亞書六十一章 10 節；箴言三章 11-12 節

# 2 月 29 日

　　**你正走在正路上。**要更多聆聽我，別再聽從你的懷疑。我正引導你一路走在我只為你命定的道路上。因此，以人的觀點而言，這是條孤獨的路。但我既走在你前方，也與你同行，因此你絕不孤單。不要指望任何人能完全明白我與你同行的路，就如你也無法理解我為他人設定的安排一樣。我日復一日，時時刻刻啟示你生命的道路。就如我對門徒彼得說的，我也要再對你說：「你跟從我吧。」

詩篇一一九篇 105 節；約翰福音廿一章 22 節

耶穌的叮嚀

# 3 月

既放出自己的羊來，就在前頭走，
羊也跟著祂，因為認得祂的聲音。

約翰福音十章 4 節

　　當你生活中或腦海裡有些事情讓你焦慮時，來到我這兒對我傾吐。凡事藉著禱告、祈求和感謝，將你所要的告訴我，對我說：「耶穌，感謝祢給我機會更信靠祢。」雖然我要你學習的信靠功課包裹在困境中，但它的益處遠勝於代價。

　　完全的信靠會帶給你諸多祝福，遠不只是我的平安。我已應許你十分的平安讓你信靠我。這世界反其道而行，教人要有足夠的金錢、財產、保險與保全系統才有平安。然而，我的平安是全方位的恩賜，完全不受環境影響。雖然你失去了其他的一切，但如果你得著我的平安，你就實在富足了。

腓立比書四章6節；以賽亞書廿六章3節

耶穌的叮嚀

3 月 2 日

　　復活在我，生命也在我；一切生命的維繫都源於我。世人在許多錯誤的地方尋求生命；追逐轉瞬即逝的享樂、積攢財產與富貴、試圖否認無可避免的老化。在此同時，我卻樂意賜給每個歸向我的人豐盛生命。當你來到我這兒負我的軛，我就使你充滿我的真正生命。這就是我選擇人生在世成就標竿的方式，也是我用說不出來、滿有榮光的大喜樂祝福你的方式。喜樂在我，榮耀在我；但當你活在我的同在裡，邀請我完全活在你心中時，我就將這些都贈與你。

約翰福音十一章 25 節；馬太福音十一章 28-29 節；

彼得前書一章 8-9 節

## 3 月 3 日

　　*我愛你的本相，而不是你的行為。*許多聲音激烈爭奪著要掌握你的心智，尤其是在你安靜坐著的時候。你必須學習分辨哪些是我的聲音，哪些不是。要祈求我的聖靈賜你洞察力。我許多孩子都在原地打轉，努力順從影響他們生活的各種聲音。這導致了他們片段、挫敗的生活模式。不要落入這種陷阱。要時時刻刻與我親密同行，聆聽我的指引並享受我的陪伴。要拒絕讓別人影響你、捆綁你。*我的羊跟著我，因為認得我的聲音。*

以弗所書四章 1-6 節；約翰福音十章 4 節

務要抵擋憂慮！這世上有許多事都在誘使你憂慮，這是墮落與破碎世界的本質；事情已經變質，並非原本應有的樣式。因此會有事情不斷誘惑你去擔憂，好像蟲一樣鑽入你心中。最好的防禦就是不斷與我交通，凡事謝恩。明白我的同在會讓你充滿光與平安，不給恐懼留地步。這種感知會讓你超越環境，使你能夠從我的眼界看待問題。與我親密同活！當我們同心，就能防止擔憂的惡狼靠近。

路加福音十二章 25-26 節；帖撒羅尼迦前書五章 16-18 節

耶穌的叮嚀

**3月5日**

　　**與你生活中的問題為友。**雖然你覺得生活中許多事情雜亂錯誤，卻要記得我掌管萬事。**我能使萬事都互相效力，**但惟有在你信靠我時方能成就。每個問題都能教導你一些功課，逐漸轉化你成為我所創造的曠世鉅作。如果你懷疑不信、悖逆反抗，同樣一個難題可能會成為使你跌倒的絆腳石。選擇在你，每天你都必須不斷選擇信靠我、還是抵抗我。

　　與你問題為友的最佳方式，就是為著它們感謝我。這簡單的舉動會讓你的心敞開，接受困境中浮現益處的可能。你甚至可以為反覆出現的問題取個小名，幫助你用老練而非恐懼來解決它們。下一步就是把它們帶到我這兒，讓我用愛的同在擁抱它們。我未必會挪開你的問題，但我的智慧足夠在每一個困境中帶出益處。

羅馬書八章 28 節；哥林多前書一章 23-24 節

# 3 月 6 日

不斷與我同行，即使在逆境中也享受我的同在。我總行在你前方，也與你並肩同行。看我召喚你：來吧！跟從我。那行在你前方、為你開路的，正是在你身邊，永不鬆手遺棄你的神。我不受限於時間與空間；我無所不在，永不止息為你動工。這就是為何你最重要的努力就是信靠我，與我親密同行。

希伯來書七章 25 節；詩篇卅七篇 3-4 節

讓我幫助你度過這一天。你面對的挑戰遠非你能單獨面對。你強烈意識到自己在這場局面中的無助；這個領悟開啟了一個選擇：頑強地孤身面對，或謙卑地倚靠我與我同行。其實，選擇一直都在你的面前，只是困境突顯了你的抉擇過程。因此你落在百般試煉中，都要以為大喜樂。因為這是來自於我的禮物，提醒你要單單倚靠我。

詩篇六十三篇 7-8 節；雅各書一章 2-3 節

耶穌的叮嚀

把精力留存來尋求我的面。我不斷與你溝通。你若要尋見我、聽到我的聲音,就必須先來尋求我超越其他一切。你看重甚於我的任何事物都會成為你的偶像。當你決心偏行己路,你就把我抹除在你的意識之外。不要一意孤行追求某個目標,而要與我討論它。讓我同在的光照耀你所追求的事物,好讓你能從我的眼界看待它。如果這個目標合乎我對你的計畫,我會幫助你達成。如果這個目標牴觸我對你的心意,我會逐漸改變你心中的渴望。你要先尋求我;你生活中的其他事物都會接著一一到位。

歷代志上十六章 11 節;馬太福音六章 33 節

在我光華的同在中安歇吧。你周圍的世界好像愈轉愈快，直到一切都成為模糊。然而在你生活的中心有個使你平靜的緩衝，那是你與我聯合之處。要經常回到這撫慰的中心，因為這是你重新得力之處，你內心將充滿我的愛、喜樂與平安。

這世界是貧窮的；你不要在世上尋求供應。相反地，來我這兒學習單單倚靠我，你的軟弱就會充滿我的能力。當你在我裡面得以完全，你就能幫助他人，而不是利用他們來滿足你的需要。活在我同在的光中，你的光就會燦爛照亮他人的生命。

加拉太書五章 22 節；約翰一書四章 12 節

耶穌的叮嚀

你永遠屬我；超越時間，進入永恆。斷沒有任何力量能否定你在天國的產業。我要你知道你是多麼安全！即使你在人生道路上蹣跚而行，我也絕不會鬆開你的手。

明白你絕對能對未來放心，就能釋放自己活出豐盛的今天。我用最溫柔的關愛與深思熟慮，為你預備了這一天的所有細節。不要讓你必須盡力而活的今日留白，要努力在生活中回應，留心我的一切作為。這聽來容易，卻需要明白我的道是完全的，必能使你深深的信靠。

詩篇卅七篇 23-24 節；詩篇十八篇 30 節

行事為人是憑著信心，不是憑著眼見。在你邁出信心的步伐倚靠我時，我會向你顯明我能為你成就的有多麼豐盛！如果你生活得太安逸，就永遠無法體會當你看見我在你身上動工時的震撼。當我賜下聖靈在你心中，我也讓你有能力超越你本身的才幹與力量。這也是為何拿你自己的本事衡量前方的挑戰是如此大錯特錯。重點不在於你的力量，而在我的能力，因我的能力無限。只要你與我親密同行，就能在我的能力中成就我的目標。

哥林多後書五章 7 節；加拉太書五章 25 節

## 3月12日

　　等候、信靠與盼望彼此錯綜複雜相連，就像金縷交織成鍊子一樣。信靠就是中間那股金縷，因為這是我最渴望來自孩子們的回應。等候與盼望裝飾著中間的金縷，強化連接你我的鍊子。等候我動工，定睛仰望我，則是你真實信靠我的確據。如果你嘴說：「我信靠你」，卻又焦慮地試圖操縱事情，你的話就淪為空談。盼望乃是未來導向，將你連結於你在天國的產業。然而，盼望卻使你在現在就充分得著益處。

　　因為你屬我，你就不是空等。你可以心懷期待等候、帶著盼望信靠。要伸出你的「觸鬚」，拾起每一絲一毫我同在的光亮。

約翰福音十四章 1 節；詩篇廿七篇 14 節；

希伯來書六章 18-20 節

要學習超越環境而活。這需要花時間定睛在我，因我已勝了這世界。煩惱與悲傷本為這敗壞的世界之一部分，惟有我在你內在的生命能給你力量以喜樂面對無窮無盡的問題。

當你靜坐在我的同在中，我會讓平安照進你愁煩的心靈。漸漸地，你就能脫離世界的桎梏，超越你的景況。你會用我的眼光看待生活，使你能分辨重要與不重要的事。在我的同在中安歇領受喜樂吧，這喜樂是沒有人能奪去的。

約翰福音十六章 33 節；約翰福音十六章 22 節

**不要遲疑領受我的喜樂，**因我要將它豐盛地賞賜給你。你愈安息在我的同在中，我的祝福就愈能豐富湧流到你身上。在我愛的光中，你會逐漸轉變為榮上加榮。要分別時間與我共處，你才能明白我對你的愛是何等長闊高深。

有時我對你的感情看來美好到不真實。我將自己的生命傾注在你身上，而你所要做的就是接受我。在這標榜勞碌與需索的世界裡，我要你休息與領受的訓誨看來太過輕鬆。領受與相信乃是密切相輔相成：當你更加信靠我，你就能豐盛地領受我與我的祝福。你要休息，要知道我是神！

哥林多後書三章 18 節；以弗所書三章 17-19 節；

詩篇四十六篇 10 節

聆聽我不斷向你唱的愛之歌。我因你歡欣喜樂……且因你喜樂而歡呼。世界的聲音是一團混亂的雜音，拉著你往這兒往那兒。不要聽這些聲音；卻要用我的話語挑戰它們。要學著遠離世界休息一下，找個地方靜默在我的同在裡，聆聽我的聲音。

當你聆聽我，有無限的珍寶等著你發掘。雖然我不斷傾倒祝福給你，有些最豐富的祝福卻要你積極尋求才能尋見。我樂於向你顯明我自己，而你尋求的心會使自己敞開，領受我更多的啟示，因為你祈求，就給你；你尋找，就尋見；你叩門，我就給你開門。

西番雅書三章 17 節；馬太福音七章 7 節

耶穌的叮嚀

*承認你自己的軟弱是好的*；這會讓你仰望我，因我是你的力量。豐盛的生命未必是健康與富貴；不斷倚靠我而活才是至好福氣。不要試圖把今天套入預設的模式中，要放鬆並留心我的作為。這樣的心態會使你能自由地享受我，明白我對你的計畫。這遠比你試圖讓事情照著你自己的計畫走要更好。

不要對自己如此嚴峻。專心聽我說話，與我一同喜笑。你身邊有我，你還擔心什麼呢？我絕對能裝備你做一切事情，只要這是我的旨意。你的日子愈難捱，我愈渴望幫助你。焦慮使你封閉自己，網羅你陷入自己的思緒中。當你仰望我、呼喚我的名，你就能脫困得著自由並領受我的幫助。專心仰賴我，你就能在我的同在裡找到平安。

腓立比書四章 13 節；箴言十七章 22 節

**來我這兒求智慧，**因我遠比你更了解你自己。我了解你一切的複雜難懂；你的生命沒有一處能向我隱藏。我從恩典的眼看你，不要害怕我對你親密的鑒察。讓我醫治同在的光照進你全人最深的隱蔽處，讓我潔淨、醫治、更新你，並使你重新得力。信靠我，直到你能領受我不斷賜下的完全赦免。這讓我付上生命代價的寶貴禮物，永遠都是你的。饒恕是我恆久同在的中心，**我必不撇下你，也不丟棄你。**

當看似沒人了解你時，你就來親近我。要在完全了解你與愛你的神裡面喜樂。當我用愛充滿你，你就成為裝滿愛的水庫，這份愛也會洋溢到他人的生命中。

詩篇一三九篇 1-4 節；哥林多後書一章 21-22 節；

約書亞記一章 5 節

一天一次地信靠我，這會讓你親近我，回應我的心意。尤其是對那些曾深受傷害的人而言，信任更不是自然的回應。我在你心中的聖靈就是你內住的保惠師，幫助你成就這份超自然的努力。降服於祂溫柔的觸摸吧；要隨時留心祂的督責。

要竭力在一切景況中信靠我。不要讓你渴望理解的需要，使你分心遠離我的同在。當你深深倚靠我，我就裝備你在今天得勝。不要被明天的憂慮纏擾，因為明天自有明天的憂慮。你要一天一次來信靠我。

詩篇八十四篇 12 節；馬太福音六章 34 節

我從你內心深處對你說話。聽我訴說平安的安慰之語，它們向你確保我的愛。不要聽信控告的聲音，因為它們不是來自於我。我對你訴說愛之語，將你高舉。我的聖靈清楚宣判，並不說羞愧毀滅的話。要讓聖靈掌管你的心，梳開謊言的結。讓內住在你心中的真理改變你。

我同在的光照亮你，為你祝禱平安。讓我的光照進你；不要用憂慮或恐懼來熄滅它。我透過你彰顯聖潔；因我內住在你心中，我就使你裝備完全成為聖潔。在你回應世人或環境之前暫停一下，讓我的聖靈有空間透過你而行動。倉促的言行無法給我空間動工；這是無神論者的生活方式。我要時時刻刻住在你心中，使你的思想、言語與行為都成為榮耀。

羅馬書八章 1-2 節；歌羅西書一章 27 節；

哥林多前書六章 19 節

耶穌的叮嚀

*3* 月 *20* 日

為我聖靈榮耀的恩賜感謝我。這就像用水泵在井裡打水一樣。當你不憑感覺，獻上感恩的祭給我，我的聖靈就能更自由地在你內心動工。這會產生更多感恩與自由，直到你滿溢著感恩。

我每日都澆灌祝福於你，但有時你卻沒有留心。當你的心卡在負面焦點上，就看不到我與我的恩賜。要憑信心，為一切佔據你內心的事物稱謝我。這會清除淤塞，讓你能尋見我。

哥林多後書五章 5 節；哥林多後書三章 17 節；
詩篇五十篇 14 節

耶穌的叮嚀　　　　　　　　　　　　　　99

**倚靠我，不要懼怕，**因我是你的力量與詩歌。要思想何謂使我成為你力量的真義。我用話語創造了宇宙；我的能力絕對不受任何限制！你若將人的軟弱獻給我，就好像磁鐵一樣，將我的能力吸入你的匱乏之中。然而，恐懼可能會阻擋我的力量流向你。不要試圖對抗你的恐懼，要專心信靠我。當你用信心的倚靠與我相連，我給你的力量是無限的。

要記得我也是你的詩歌。我要你分享我的喜樂，在生命中清楚感知我的同在。當我們同行邁向天堂，你要喜樂；與我一同歡唱詩歌。

以賽亞書十二章 2-3 節；詩篇廿一篇 6 節

時常喜樂，不住感恩！在你與我一同度過今天時，操練一路信靠與稱謝我。「信靠」是我讓平安流向你的管道；「感恩」則會高舉你使你超越環境。

我在心懷感恩與信靠之人的身上能成就最偉大的工。不要去計畫與評估，而要不斷操練信靠我並稱謝我；這是一段徹底改變你生命的進程。

腓立比書四章 4 節；詩篇九十五篇 1-2 節；詩篇九篇 10 節

　　我既是鉅細靡遺的上帝，也是豐盛滿溢的上帝。當你將生活的細節交託與我，你會驚訝我多麼全面地回應你的祈求。我喜愛聽你的禱告，因此你要盡情地將所有的需求都告訴我。你愈常禱告，你就能領受愈多應允。最棒的是，當你看見我何等精準地回應你的特定禱告時，你的信心就會更為堅固。

　　因為我在一切的行事上都是能力無限，你毋須懼怕我會用盡資源。豐盛正是我本來的心意。帶著喜樂來我這兒，期待著領受一切所需；有時更超過你的所求所想！我喜愛傾灑祝福給我親愛的兒女。敞開你的心和雙手來到我這兒，準備好領受我為你預備的一切福分吧。

〰

詩篇卅六篇 7-9 節；詩篇一三二篇 15 節；

約翰福音六章 12-13 節

這是你生命中學習放手的時候；對摯愛的人放手，對財物放手，對控制鬆手。為了放開你看重的事物，你必須在我的同在裡安歇，在這兒你才得以完全。分別時間沐浴在我愛的光中。當你更加放鬆，你緊握的手就會逐漸打開，將你珍視的一切放進我的看顧中。

即使遭遇劇變，當你感知我始終與你同在時，你也能感到安全。那永不離棄你的神；也是永不改變的神：我從昨日、今日、一直到永遠，都是一樣的。當你將更多事物鬆手交託至我的看顧中時，要記得我永不放開你的手。你的安全在此，這是沒有任何人與環境能夠奪去的。

詩篇八十九篇 15 節；希伯來書十三章 8 節；
以賽亞書四十一章 13 節

當用感恩緩和你的思緒。感恩的心會使你與我保持聯繫。我恨惡我的兒女發怨言，隨意蔑視我的主權。感恩能防禦死罪，不僅如此，感恩的態度也是你看待生命的系統網路。感恩使你能看見我同在的光照亮你一切環境。要培養感恩的心，因為這會榮耀我，並使你充滿喜樂。

哥林多前書十章 10 節；希伯來書十二章 28-29 節

耶穌的叮嚀

## 3 月 26 日

　　等候我意謂引導你的注意力到我身上，期盼我的作為。你必須全心全意信靠我，而不是試圖靠自己釐清事情。等候我，是我定意你應該活出的生命，這是你一整天、每一天應有的生活方式。我創造你，要你在一切日常事物中時時留心我。

　　我已應許許多福分給等候我的人，他們會重新得力，超越環境，再現盼望並體察我不斷的同在。等候我，使你能榮耀我，在生命中深深倚靠我，準備好行出我的旨意。等候我也能幫助你享受我，在我的同在裡乃是豐富的喜樂。

耶利米哀歌三章 24-26 節；以賽亞書四十章 31 節；

詩篇十六篇 11 節

耶穌的叮嚀

即使有無數的事物喧擾著要得到你的注意力，你也要在我的同在裡靜默。沒有任何事比花時間與我相處更重要。當你在我的同在裡等候，我就在你的內心成就最偉大的工作：使你心意更新而變化。如果你吝於分別時間與我在一起，你可能就會一頭栽進錯誤的活動中，錯失我為你預備的豐盛。

不要先尋求我能給你什麼。要記得，身為施與者的我，遠比我能給你的禮物更偉大無窮。雖然我喜悅祝福我的兒女，但我也因自己的祝福成為他們心中的偶像而深切地悲痛。如果任何事使你分心遠離我，對我失了起初的愛，它就可能成為偶像。當我成為你心裡最終的渴望，你就能安全地遠離偶像崇拜的危險。當你在我的同在裡等候時，請記得享受這份最偉大的禮物：基督在你心裡，成了有榮耀的盼望。

❦

羅馬書十二章 2 節；啟示錄二章 4 節；

歌羅西書一章 27 節

我是不斷付出、付出再付出的神。當我為你死在十字架上,我一無保留:我如獻上奠祭一樣傾倒出我的生命。因為付出是我的既有本性,我始終在尋找能夠完全領受的人。為了讓你與我更親近,你最需要的兩項特質,就是領受力與專注力。領受力會打開你裡面的人,使他充滿我的豐盛有餘。專注力會引導你定睛在我:時時刻刻尋求我。你能像先知以賽亞所說的,「堅心倚賴我。」靠著這份專注力,你就能領受榮耀的恩賜:我完全的平安。

腓立比書二章 17 節;馬可福音十章 15 節;

以賽亞書廿六章 3 節

不要在時機成熟前就試圖讓事情成就。要接受一天難處一天當的限制。當有事情吸引你注意時，要問我這是否是今日要處理的問題。如果不是，那就鬆手將它交託給我看顧，繼續處理今日的事務。當你力行這項操練，你的生活就會簡單美好，因為凡事都有定期，天下萬務都有定時。

與我親密同行的生活絕不會複雜或凌亂。當你專注於我的同在，許多一度煩擾你的事，就會失去它們對你的影響力。雖然你周遭的世界雜亂難解，卻要記得我已經勝了世界。我將這些事告訴你，是要叫你們在我裡面有平安。

✎

傳道書三章 1 節；約翰福音十六章 33 節

　　*我正看顧你。*你要時時刻刻倚靠我，要在一切環境中倚靠我，要全心全意倚靠我。當你疲憊不堪，似乎諸事不順時，你仍可以說：「耶穌，我信靠你。」當你這麼做，你就能將事情鬆手交託在我的掌管中，退回我永恆膀臂的安全保護裡。

　　在你早晨起床之前，我已為你安排好一天的事。每天你都有許多機會學習我的道路，與我更親近。當你真正睜開雙眼清楚看見，我同在的信號就能點亮最灰暗的日子。要尋求我，好像尋求寶藏一樣。如此你必尋見我。

箴言三章 5 節；申命記卅三章 27 節；

耶利米書廿九章 13-14 節

**你要嘗嘗我美善的滋味。**你愈親密經歷我，就愈深信我的美善。我是渴望參與你生活、看顧你的永活真神。我正操練你在每時每刻都尋見我，成為我愛之同在的管道。有時我的祝福會以奧祕的方式臨到你，如透過痛苦或是難題。在這些時候，你惟有信靠我才能明白我的美善。聰明無法幫你，但信靠會讓你親近我。

要感謝我賜下平安的禮物，這是你無法測度、長闊高深的福分恩賜。當我復活後向門徒顯現時，我首先傳達的就是平安。我也對你訴說平安，因我知道你焦慮的思緒。聆聽我！轉開其他聲音，好讓你能更清楚聽見我。我定意使你全天候、每一天都住在我的平安裡。你要靠近我，領受我的平安。

詩篇卅四篇 8 節；創世記十六章 13-14 節；

約翰福音二十章 19 節；歌羅西書三章 15 節

# 4月

在你一切所行的事上都要認定祂，
祂必指引你的路。

箴言三章 6 節

我呼召你活出不斷與我交通的生活。基本的操練包括即使生活在一團混亂中,也要學習超越景況而活。你渴望簡單容易的生活,好讓你與我的交通不被打斷;但我挑戰你放棄想要世界井然有序的幻想,接受每一天的現實,並在這之中尋求我。

跟我訴說你每天的各個生活層面,包括你的感受。要記得你的終極標竿不是控制或改變周圍的事物;而是不斷與我交通。成功的一天是你與我保持聯繫,即使一天結束時還有許多事情未完成。不要讓你的待辦清單(無論是寫下來還是放在心裡)成為指導你生活的偶像。相反地,要祈求我的聖靈時時刻刻引導你。祂會使你不斷親近我。

帖撒羅尼迦前書五章 17 節;箴言三章 6 節

　　我已應許照我榮耀的豐富，使你們一切所需用的都充足。你最深切而持續的需要，就是我的平安。我已在你心中的花園種下平安，那兒是我居住之地；但那兒也有雜草：驕傲、憂慮、自私與懷疑不信。我是園丁，正在你的心靈花園裡動工剪除那些雜草。我以各種方式進行我的工作。當你靜默與我同坐，我將我同在的光直接照入你心。在這屬天的光中，平安會豐盛地增加使雜草枯萎。我也在你的生命中投下試煉。當你在困境中信靠我，平安就發旺，雜草就死去。要為困苦的環境感謝我；因它們能生出的平安，遠大於你所忍耐的試煉。

腓立比書四章 19 節；哥林多後書四章 17 節

你在我裡面，就有了一切。你在我裡面，你就完全。當我移除你心中的塵埃與混亂，你經歷我的能力就會加增。在你對我的渴慕增加時，其他的渴求就會減少。因為我是無限大能的真神，豐盛地賜福給你，你最好的生活方式，就是渴慕我超乎一切。

你不可能有任何需要是我無法滿足的。畢竟，我創造了你與萬事萬物。這世界仍等我一聲令下隨時待命，儘管情況通常看來並非如此。不要被所見的愚弄了；因為所見的是暫時的，所不見的是永遠的。

以弗所書三章 20 節；哥林多後書四章 18 節

耶穌的叮嚀

**4 月 4 日**

　　我在你靈魂的靜默中與你相遇。我就是在那兒設法與你溝通。向我的同在敞開的人,對我來說極其寶貴。我的眼目遍察全地,尋找內心渴求我的人。我看見你盡力尋求我;而我們對彼此的尋覓都使雙方獲得喜樂與滿足。

　　在這對速度與音效上癮的世界裡,靈魂的靜默更為稀有了。我喜悅你渴慕創造一個安靜空間,讓你我能夠相遇。不要因為難以達成目標而灰心。我看見你所做的一切努力,因你亟欲尋求我的面而喜悅。

撒迦利亞書二章 13 節;歷代志下十六章 9 節;

詩篇廿三篇 2-3 節

耶穌的叮嚀

讓我用愛、喜樂與平安充滿你。這些都是榮耀的恩賜，湧流自我真實的同在。雖然你是泥作的瓦器，我卻設計你裝滿屬天的寶貝。你的軟弱無法阻礙我用聖靈充滿你；相反地，它給了我機會用我的能力更加光照你。

在你度過這天時，要信靠我能時時刻刻給你所需的力量。不要浪費力氣去猜想你是否有能力完成今日的路途。在你心中的聖靈，會使你得勝有餘面對今日的一切。這就是你信之實底！因為得力在乎平靜（花時間與我獨處）與安穩信靠（倚賴我的充足供應）。

哥林多後書四章 7 節；以賽亞書三十章 15 節

**4**月**6**日

　　**要以感恩為祭獻給我。**不要將任何事，甚至是旭日東升視為理所當然。在撒但於伊甸園裡誘惑夏娃之前，感恩就如呼吸一樣地自然。撒但的誘惑詭計，包括引誘夏娃偷嚐禁果。伊甸園裡充滿甘美多汁、秀色可餐的果子，但夏娃卻只看著自己不該擁有的禁果，而不是為著諸多垂手可得的美好事物感恩。這種錯誤的專注使她的內心幽暗，最終屈服於誘惑。

　　當你專注在自己沒有的東西，或使你惱怒的情勢上，你的心思也會變得幽暗。你將生命、救恩、陽光、花朵與我無數的恩賜視為理所當然。你追求錯誤的目標，拒絕在生命「修正」以前享受人生。

　　當你帶著感恩來到我這兒，我同在的光就會傾倒在你身上，將你徹底改變。你要操練自己時時感恩，好與我行在光明中。

詩篇一一六篇 17 節；創世記三章 2-6 節；

約翰一書一章 7 節

我是窯匠，你是我的泥。我在創世之前就已把你設計好。我安排好每天的事件，為要使你成為我預設的樣式。我永恆的愛正在你生命中的每件事上動工。有些日子裡，你的心意與我的旨意水乳交融。當我們意念相合，你會覺得生活都在掌握之中。在另一些日子裡，你覺得好像逆流而上，對抗著我的目的。當這種情形發生，要停下來尋求我的面。你感受到的阻礙可能來自於我，也可能來自於惡者。

對我訴說你所經歷的一切，讓我的聖靈領你穿越危險的惡水。在你與我穿越亂流時，讓環境塑造你成為我所渴望的樣式。在你度過今天時，要對你的窯匠說：「我願意！」

以賽亞書六十四章 8 節；詩篇廿七篇 8 節

耶穌的叮嚀

我與你同在、幫助你，我始終是你的同伴與供應。問題是：你是否也與我同在，心向著我。雖然我永不離棄你，你的本質卻會忽視我而「離開」我，彷彿我並未與你同在一般地思考與行動，完全漠視我的存在。當你覺得我們的感情疏遠時，你知道問題所在。我對你的愛恆久不斷；我從昨日、今日、一直到永遠，都是一樣的。像流沙一般善變的是你，任由環境將你擲向這兒擲向那兒。

當你覺得遠離我時，就呢喃我的名。這簡單的動作，出於赤子的信心，會讓你對我的同在敞開心胸。對我訴說愛之語，準備領受我的愛，這是來自十字架的永恆之愛。當你對我愛的同在敞開自己，我就歡喜快樂。

創世記廿八章 15 節；羅馬書八章 31 節；

希伯來書十三章 8 節

*你永遠屬我*：斷沒有任何事能使你與我的愛隔絕。因為我已為你投注我的生命，我向你保證我絕對會照顧你。當你的心不冷不熱，思緒隨意飄蕩時，你就會覺得焦慮與孤單。解決問題變成了你的焦點。若要讓心思回檔，你就要回轉歸向我，將你自己與你的難題帶到我的同在中。

許多難題在我愛的光中會馬上消失，因為你發現自己絕非孤身一人。其他問題可能繼續存在，但與認識我及我為你慷慨付出的感情相比，它們就不再那麼重要。你時時刻刻都能選擇要操練感受我的同在，還是感受問題的存在。

羅馬書八章 38-39 節；出埃及記卅三章 14 節

耶穌的叮嚀

在你生活的每個細節上信靠我。我的國度中沒有任何事出於偶然。萬事都互相效力，叫愛神的人得益處。不要試圖分析其中的錯綜複雜，而要將精力用來時時感謝我、信靠我。當你與我親密同行，就不會有任何浪費枉然。透過我更新變化的恩典，即使是你的錯誤與罪，也能被回收轉化成美善。

當你仍活在黑暗中時，我已開始將我同在的光照進你被罪玷汙的生命裡。最終，我從淤泥中把你拉上來，召你出黑暗入奇妙光明。我為你完全犧牲了生命，因此，你在生活的各個層面都可以信靠我。

耶利米書十七章 7 節；羅馬書八章 28 節；

詩篇四十篇 2 節；彼得前書二章 9 節

這是我所定的日子，你要在其中歡喜快樂。敞開信心的手開啟這一天，準備好領受我傾倒在你生命中的一切事物。小心不要對任何事發怨言，即使是天氣也是一樣，因為我是創造你環境的主。面對逆境的最好方法，就是為著它們感謝我。這項信心的舉動會釋放你脫離怨恨，也會讓我能自由地照自己的方式運作情勢，使之生出益處。

你若要在今天找到喜樂，就必須活在今日的界線裡。當我把一天的時間分為廿四小時，我知道自己在做什麼。我了解人類的脆弱，我知道你一次只能背負一天的重擔。不要為明天憂慮或被過去絆住。在我的同在裡，今天就有豐盛的生命。

詩篇一一八篇 24 節；腓立比書三章 13-14 節

　　　　　　　　　耶穌的叮嚀

**信靠我是每時每刻的抉擇。** 我的子民並沒有深刻明白這個真理。我在曠野行了神蹟之後,我所揀選的兒女強烈地信靠我;但那只是暫時的。他們很快又開始發怨言,考驗我的忍耐極限。

你是不是也常這樣呢?當事事順利,當你看見我為你動工時你就信靠我。這種信任在你內心順暢流動,毋須憑靠意志。而當事情不順時,你的信任便流動趨緩開始凝結。你被迫在努力信靠我,與憎恨我對你的作為的悖逆之間做選擇。這個選擇形成了岔路。記得要與我留在生命的道上,享受我的同在,在任何景況下都選擇信靠我。

出埃及記十五章 22-25 節;詩篇卅一篇 14 節

當我沒有給你特別的指引時，你就留在原處，專心做好每天的事，留心我與你同在。在你為我做每件事時，我同在的喜樂會照亮你。如此你就邀請我進入你生活的每個層面。透過在一切事上與我同工，你就讓我的生命與你的生命結合。這不僅是喜樂生命，也是得勝生命的祕訣。我定意你時時刻刻倚靠我，承認離了我，你就不能做什麼。

要為那些看似沒什麼大事發生的安靜日子感恩。不要因為缺乏行動而覺得煩悶，而要使用例行公事的時間來尋求我的面。雖然這是個看不見的行動，但在屬靈的境界裡卻大有分量。不僅如此，當你今天信任我、在日常事務上與我同行，你便大為蒙福。

歌羅西書三章 23 節；約翰福音十五章 5 節；

詩篇一〇五篇 4 節

天堂在現在與未來都存在。當你牽我的手走在人生道路上，你就已經接觸到天堂的精華。你在一路上也能找到許多天國的徵兆，因為地上也因我的同在而活潑光亮。閃耀的陽光喚醒你的心，溫柔地提醒你我的光明。鳥兒與花、樹與天空都揚起了對我聖名的讚美。當你與我同行，要讓你的眼與耳保持敞開。

你生命道路的盡頭，就是天國的入口。惟有我知道你何時到達目的地，我會在一路上預備你踏出的每一步。天家的絕對保證給了你平安與喜樂，一路上幫助著你。你知道自己會在我所訂的完美時刻到家：一刻也不早，一刻也不遲。在你與我一同走生命道路時，就讓天國的盼望鼓勵你吧。

哥林多前書十五章 20-23 節；希伯來書六章 19 節

**4** 月 **15** 日

**信靠我，不要懼怕！**許多事好像已經失控。你的例行公事不順，若你能夠預測生活，你會覺得較有安全感。讓我領你到那比你與環境更高的磐石。你要投靠在我翅膀下的隱密處，你在那兒是絕對安全的。

當你受動搖脫離安全地帶時，要緊握我的手尋求成長的機會。不要哀嘆你失去了安逸，而要接受新事物的挑戰。我領你榮上加榮，使你適合我的國度。對我在你生命中的作為說「好」。信靠我，不要懼怕！

以賽亞書十二章 2 節；詩篇六十一篇 2-4 節；

哥林多後書三章 18 節

耶穌的叮嚀

## 4 月 16 日

　　我呼召你活出感恩的生活。我要你時時刻刻都充滿感謝。你心懷感恩的基礎就是我的主權。我是宇宙的創造者與掌管者，天地都充滿我榮耀的同在。

　　當你批評或發怨言時，你就好像在說，你認為自己比我更能治理好這個世界。從你身為人類受限的眼界看來，我似乎沒把事情管理好。但你不明白我所知，也看不見我所見。如果我把布幕拉下讓你一窺天堂國度，你就會了解更多。然而，我已定意要你行事為人憑著信心，不憑眼見。我慈愛地護著你，不讓你看見未來或看見屬靈的世界。凡事謝恩，這就是承認我的主權最好證明。

以賽亞書六章 3 節；哥林多後書五章 7 節；

帖撒羅尼迦前書五章 18 節

我正穩健地訓練你。有太多事情打斷你對我的感知。我知道你活在一個充滿聲色的世界，但你不可成為那些感官刺激的奴隸。無論發生什麼事，你在任何環境都能不斷感知我，這就是我渴望你擁有的穩固。

不要讓出乎意料的事件使你偏離軌道。相反地，要冷靜、用信心回應我，記住我與你同在。只要有事抓住你的注意力，就與我討論它。如此我就能分享你的喜樂與困難；我幫助你面對前方的一切。這是我活在你心中，在你身上動工的方式，這就是平安之道。

詩篇一一二篇 7 節；以賽亞書四十一章 10 節

「平安」是我不斷贈與你的禮物，從我的施恩寶座豐沛地湧流出來。就像以色列人不能為將來儲藏嗎哪，必須每天收取，我的平安也是如此。日復一日蒐集嗎哪，會讓我的子民明白他們必須倚靠我。同樣地，當你藉著禱告、祈求，和感謝來到我這兒，我就給你當下夠用的平安。若我給你永遠的平安而毋須我的同在，你就會掉入自以為能自給自足的陷阱裡，但願這永不會發生！

我定意使你時時刻刻都需要我。當你愈來愈明白你有需要，你也會愈來愈能體會我的充足供應。我能使你一切所需用的都充足，卻不會用盡我的資源。只管坦然無懼地來到施恩的寶座前，帶著感恩的心領受我的平安。

出埃及記十六章 14-20 節；腓立比書四章 6-7、19 節；

希伯來書四章 16 節

　　無論你表現如何，我都愛你。有時你覺得心神不寧，納悶自己做得夠不夠配得我的愛。無論你的行為多麼模範，這個問題的答案始終是「否」。你的表現與我的愛完全是兩回事，你必須分清楚。我以永遠的愛愛你，我的愛湧流自永恆，既無限也無條件。我以公義為袍給你披上，這是永恆的約，沒有任何事、也沒有任何人能撤消廢除。因此，你身為基督徒的長進與我對你的愛完全無關。甚至你在衡量自己特定一天表現如何的能力也是有瑕疵的。你受限的人性觀點與身體狀況，以及它們的善變莫測，都會扭曲你的評量。

　　將你對自己表現的焦慮交給我，在其上領受我無盡的愛。試著察知我在你一切事上愛的同在，我就會引領你的腳步。

耶利米書卅一章 3 節；以賽亞書六十一章 10 節；

詩篇卅一篇 16 節；詩篇一○七篇 8 節

**4 月 20 日**

不要懼怕，因為我與你同在。聽我對你焦躁的心說：「平安，靜止吧。」無論發生什麼事，我必不撇下你，也不丟棄你。就讓這份允諾浸潤你心靈，直到你喜樂滿溢。地雖改變，山雖搖動到海心，你都毋須害怕！

媒體無情地放送噩耗：早餐也播，午餐也播，晚餐也播。持續食用他們的飯菜會使你生病。不要專注在無常與多變的新聞播送，而要調頻到生命的話語；永不改變的真神。要讓心靈充滿聖經經文，你就能穩健地走生命的道路。即使你不知道明天會如何，你卻絕對可以肯定你的終極目標。因我攙著你的右手，以後必接你到榮耀裡。

馬可福音四章 39 節；申命記卅一章 6 節；

詩篇四十六篇 2 節；詩篇七十三篇 23-24 節

讓我掌管你的心。心是人類最不停歇、最難約束的部分。在你學習自律管束口舌許久之後，你的思想會違抗你的意志，自己起來對抗我。人是我創造的高峰，人類心智的複雜令人驚異。我冒著一切危險賦予你自由，為自己思考。這是神聖的殊榮，讓你與動物及機器人有永遠的區別。我照著我的形像創造你，冒險使你與神的形像相近。

雖然我的血已將你完全贖回，你的心卻是最後的悖逆營壘。對我燦爛的同在敞開自己，讓我的光滲入你的心思意念吧。當我的聖靈掌管你心，你就充滿生命與平安。

創世記一章 26-27 節；羅馬書八章 6 節

要不斷聆聽我。我有好多話要對你說，有許多人與情勢都需要放在禱告中。我正操練你將更多心思放在我身上，要靠著我的聖靈，不去理睬那些使你分心的事物。

在神聖的信靠中與我同行，回應我的方案而非試圖讓事情符合你的計畫。我死是為了叫你得自由，包括不再非要計畫不可的自由。當你的心轉個不停想著一堆事情，你就無法聽我的聲音。被計畫佔據的心思乃是將控制當作偶像來崇拜。要棄絕這個偶像，回轉歸向我。聽我的聲音，你就能活出豐盛的生命！

約翰福音八章 36 節；箴言十九章 21 節；

約翰福音十章 27 節

## 4 月 23 日

　　定睛仰望我，不僅是為了尋求方向，也是為了重新得力。我絕不會不裝備你就讓你面對任務。這就是為何在你所做的一切事上尋求我的旨意是如此重要。許多精疲力竭的基督徒都以為事情做得愈多就愈好，以為說「不」就是不屬靈。

　　為了明白我的旨意，你必須分別時間與我獨處，享受我的同在。這不是繁重的工務，而是喜樂的殊榮。我會指示你生命的道路；在我面前有滿足的喜樂；在我右手中有永遠的福樂。

詩篇一四一篇 8 節；詩篇十六篇 11 節

4 月 24 日

在我預備你面對這一天時，你要在我靜默的同在裡安歇。當你懷抱信靠的心等候我時，就讓我的榮光照亮你。你們要休息，要知道我是神。信靠我，有被動與主動兩層面。當你在我的同在裡安歇，專注仰望我，我就安靜地建立我倆的情感連結。當你帶著堅定的信靠回應生活中的狀況時，你就是在主動參與這個過程。

我始終與你同在，你沒有理由懼怕。你的恐懼常表現在過度計畫上。你的心如此習慣於這種思考模式，以致你現在才意識到它充斥在你的生活各處，嚴重破壞你我的親密情感。無論何時當你發現自己又遊蕩在這條老路上，就要悔改並抵擋這種傾向。回到我的同在裡，我的同在始終在此刻等候著你。我不定罪你，全然接納你回頭。

詩篇四十六篇 10 節；羅馬書八章 1 節

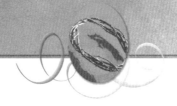

在你度過這一天時，要讓我成為你的焦點。就像正在轉圈的芭蕾舞伶必須讓眼睛看著定點維持平衡一樣，你也必須將焦點轉回我身上。環境不斷變化，世界好像在你周圍轉個不停，你惟一保持平衡的方法，就是定睛仰望我，因我永不改變。如果你盯著周圍環境太久，你會暈眩困惑。仰望我，在我同在裡重新得力，你的腳步就會平穩堅定。

希伯來書十二章 2 節；詩篇一〇二篇 27 節

耶穌的叮嚀

$4$ 月 $26$ 日

要將問題視為提升洞察力的裝置來歡迎它們。我的孩子們在生活中夢遊，直到他們撞到擋住自己的障礙物。如果你遇到無法即時解決的困難，你對難題的回應方式要嘛是讓你成長，要不就是讓你下沉。你可以痛罵困境，憎恨它加上自憐自艾；這會把你拖進自憐的坑中。或者，你也可以讓問題成為階梯，使你能往上爬，並從我的眼光看待生活。從高處俯瞰，那會使你挫敗的攔阻僅是至暫至輕的苦楚。一旦你的眼界提升，你就能將眼目完全從問題上移開。轉向我，你就能看見我同在的光照亮你。

哥林多後書四章 16-18 節；詩篇八十九篇 15 節

## 4 月 27 日

　　帶著淨空的手與敞開的心來到我這兒，準備領受豐盛的祝福。我知道你的匱乏既深且廣。你人生的道路困苦艱難，榨乾了你的力量。來我這兒尋求滋養吧！讓我以同在充滿你；我在你裡面，你也在我裡面。

　　我的能力最豐沛湧流在軟弱並明白自己需要我的人身上。一路跌跌撞撞倚靠我並不是缺乏信心，反而能連結到我的同在。

約翰福音十七章 20-23 節；以賽亞書四十章 29-31 節

耶穌的叮嚀

當你看著眼前的一天，你會看見一路上有許多抉擇點。這些選擇衍生出數不清的可能性，也許會使你感到困惑。要讓你的心回到今天的起始點，我在此與你同在，滿懷慈愛預備你面對前方的一切。

你必須一次只做一個選擇，因每個選擇都環環相扣。不要試圖在心中為自己今日的路徑畫一幅地圖，卻要專心定睛在我愛的同在上。我會在你出發時裝備你，好讓你能處理好迎面而來的一切。要信靠我會在你需要時，供應你一切所需。

耶利米哀歌三章 22-26 節；詩篇卅四篇 8 節

讓我教導你感恩。一開始要承認所有東西；你所有的財產與能力，全都屬於我。每天早晨都是我的恩賜，不要將它視為理所當然。地球因我的祝福朝氣蓬勃，成為我同在的鮮活見證。如果你放慢生活步調，你在任何地方都能尋見我。

有些我最寶貝的孩子，是因為臥病在床或是被囚在監；有些則是自發建立習慣分別時間來親近我。感恩的祕訣，就是學習從我的眼光看待每件事。我的世界就是你的教室；我的話是你腳前的燈，是你路上的光。

希伯來書十二章 28-29 節；詩篇一一九篇 105 節

當你某個基本需要：時間、精力或金錢匱乏時，要思想自己是有福的，因你的匱乏正是你深深倚靠我的機會。當你以匱乏作為一天的開始，你就必須將努力集中在當下的時刻。活在當下，是你應有的生活態度；也是我始終等候你之處。知道自己的不足乃是大有福氣，能操練你全心倚靠我。

真相是：自給自足乃是驕傲與短暫成功所鞏固的迷思。健康與財富，就如同生命本身一樣轉瞬即逝。要在你的匱乏中喜樂，明白我的能力是在人的軟弱上顯得完全。

雅各書一章 2 節；哥林多後書十二章 9 節

# 5月

要將耶和華的名所當得的榮耀歸給祂，
以聖潔的妝飾敬拜耶和華。

詩篇廿九篇 2 節

你正走在我選擇的道路上。你的生活沒有偶然。此時此刻組合成你日常生活的配搭與調和。多數人讓光陰在指間溜走，並未真正活出生命。他們藉由擔憂未來，或渴望有更好的時機與位置來逃避當下。他們忘記自己是受轄於時間與空間的受造物，也忘記了他們的造物主只在當下與他們同行。

對那些內心與我親密相連的人而言，每一刻都是有我榮耀同在的鮮活時刻。當你愈多獻上自己，活出不斷與我交通的生活時，你會發現自己根本沒有時間去憂慮。如此，你就能獲得自由，讓我的聖靈引導你的腳步，使你能走在平安的道路上。

路加福音十二章 25-26 節；路加福音一章 79 節

　　**倚靠我而活就是得享豐盛生命的道路。**
你正學習欣賞困境,因為它們讓你更加意識到我的
同在。你以往懼怕的任務,成了享受我親近的大好
機會。當你覺得疲乏時,要記得我是你的力量;當
你倚靠我,你就歡喜快樂。我因你愈來愈常回轉歸
向我而喜悅,尤其是在你孤單一人的時候。

　　當你與人相處時,你經常看不見我的同在。你
因著害怕得罪人的恐懼,以致受他們的捆綁,而他
們也成了你的主要焦點。當你發現這種情形發生
時,就要呼喚我的名;這小小的信靠之舉會將我帶
到你的意識最前線,那兒也是我該身處的位置。當
你浸潤在我親近的祝福裡,我的生命就能透過你流
向他人,這就是豐盛的生命!

箴言廿九章 25 節;約翰福音十章 10 節

你不能事奉兩個主。如果我真是你的主，你就會渴望取悅我超越一切。如果取悅人是你的目標，你就會成為他們的奴僕。當你授予他們駕馭你的力量時，他們就可能成為嚴厲的工頭。

如果我是你生命的主，我也同樣會成為你起初的愛。你對我的服事乃是奠基扎根於我對你浩瀚無邊、與無條件的愛。你在我面前愈降為卑，我就愈高舉你進入與我的親密感情中。活在我同在裡的喜樂超越其他一切的享受。我要你更加親近我，反映出我喜樂的光。

馬太福音六章 24 節；啓示錄二章 4 節；

以弗所書三章 16-17 節；詩篇十六篇 11 節

在早晨的靜默中與我相遇，此時這世界還清新地在我同在的露水中。以聖潔的妝飾敬拜我。對我的聖名唱愛之歌。當你把自己獻給我，我的聖靈就充滿你，直到你完全充滿我神聖的同在。

這世界追求財富的方法，就是攫取與祕藏，然而，你要獲得我富足的方法，卻是要放手與付出。你將愈多的自己奉獻於我與我的道路，我就愈將說不出來、滿有榮光的大喜樂充滿你。

詩篇廿九篇2節；彼得前書一章8節

來我這兒尋求你一切所需。帶著感恩進入我的同在，因為感恩能開啟我珍寶的大門。當你心懷感恩，你就是在肯定我乃良善的中心真理。我是光，在我毫無黑暗。我是全然良善的保證，會使你的基本安全需要獲得滿足。你的生活並不是受轄於罪孽之神的突發奇想。

要安歇！明白掌管你生命的真神是全然可靠的。帶著信心的期待來到我這兒，你的需要沒有一樣是我無法供應的。

詩篇九十五篇 2 節；約翰一書一章 5 節

　　不要在你居住的世界裡尋求安全感。你為了掌控生活，常在心裡列出一張待辦事項清單。只要你能核對清單上的每一件事，你就會放鬆得到平安。然而你愈加緊工作達成目標，就有愈多事情出現在你的清單上。你愈努力，你愈沮喪。

　　要在今生找到安全感有更好的方法。不要仔細核對你的清單，而要將焦點放在我與你的同在上。不斷與我聯繫會使你處在我的平安裡。不僅如此，我還會幫助你分別出重要與次要，以及哪些必須現在完成，哪些又是毋須完成的事情。不要顧念所見的（你的環境），而要顧念所不見的（我的同在）。

以賽亞書廿六章 3 節；哥林多後書四章 18 節

如果你學習信靠我，全心全意真正信靠我，那就斷沒有任何事能將你與我的平安隔絕。當你允許自己所承受的每一件事，是要操練你信靠我，那麼這一切就會使你得益處。這是你在那本意要害你的逆境中阻擋惡者工作，在恩典中成長的方法。約瑟是這神聖逆轉的最佳範例，他曾對他的哥哥們說：「從前你們的意思是要害我，但神的意思原是好的。」

不要害怕今天或任何一天會發生的事。專心信靠我並善盡本分。在我的主權中安歇，記得每一天我都走在你前面，我也與你同行。不要怕遭害，因為我能從你將遭遇的一切情勢中帶出益處。

〰️

創世記五十章 20 節；詩篇廿三篇 4 節

耶穌的叮嚀

## 5 月 8 日

　　不要冀望你的人生沒有困難。這是不切實際的目標，因為在世上你們會有苦難。但天國已為你留存了沒有苦難的永生。要在這產業中歡喜快樂，因為這是無人能從你這兒奪去的，不要在人世間尋求天堂。

　　每天都要預期自己會遭遇困難，並祈求我裝備你面對一切困境。最好的裝備就是我的同在，我永不鬆開你的手。與我討論每一件事，輕看難題，將它看作你我同心就能克服的挑戰。要記得我在你身邊，而且我已經勝了世界。

約翰福音十六章 33 節；以賽亞書四十一章 13 節；

腓立比書四章 13 節

不要對自己太嚴苛。我甚至可以從你的錯誤中帶出益處。你有限的心智常向後看,渴望能取消你後悔的決定。這是在浪費時間與精力,只會導致挫敗。不要痛苦地掙扎在過去裡,而要放手將你的錯誤交給我。信靠仰望我,期待我無限的創造力,能將好與壞的決定交織成可愛的設計。

因為你是人,你會不斷犯錯。認為自己應該過著沒有錯誤的人生是驕傲的表徵。你的失敗可以成為祝福的源頭,使你謙卑下來,對他人的軟弱產生同理心。最棒的是,失敗會突顯你對我的倚靠。我能從錯誤的泥沼中帶出美善。信靠我,看看我要怎麼做。

羅馬書八章 28 節;彌迦書七章 7 節

## 5 月 10 日

　　**不要抗拒或逃避你生活中的難題。**這些難題都不是偶發的錯誤；它們是我為了你的益處與成長而量身打造的祝福。欣然接受我允許出現在你生活中的一切環境，信任我能從它們之中帶出益處。要將難題視為更能完全倚靠我的機會。

　　當你開始感受到壓力，就讓這種感受使你警覺到自己對我的需要。如此，你的需要會成為深切倚靠我的入口，使我們之間的親密感情增溫。雖然這世界崇尚自給自足，但倚靠我卻能在我的國度裡結出豐盛生命。要為你生命中的困境感謝我，因為它們保守你遠離自力更生的偶像崇拜。

約翰福音十五章 5 節；哥林多後書一章 8-9 節；

以弗所書五章 20 節

要為你的難題感謝我。每當你的心思一卡在問題上，就要心懷感恩將它帶到我面前，然後懇求我，向你顯明我的道路來面對這種情勢。稱謝我的舉動，會將你的心從負面焦點中釋放出來。在你把注意力轉向我的時候，難題就不再那麼重要，也失去了掌控你的能力。不管是正面迎擊，或是放在一邊稍後再想辦法，只要我們同心，就能處理問題。

多數纏擾你心的難題都不是對今天的憂慮；而是你從明天借來的憂慮。在這種情況中，我將問題從今日挪開，放在你無法透視的未來之中。我在其中將平安賜給你，這份平安自我的同在豐沛地湧流出來。

腓立比書四章 6 節；約翰福音十四章 27 節

耶穌的叮嚀

　　要透過我的愛，而不是你的愛去與人相處。你血氣的愛是如此有限，充滿了瑕疵與控制。我的愛始終包覆著你，既能祝福別人也能祝福你。不要賣力地嘗試；想要透過你自己微不足道的愛來幫助人，而要明白我無限供應，使你能不斷取用的愛。讓我的愛圍繞你，並幫助你伸手觸動人吧。

　　許多我寶貝的兒女都掉入陷阱感到精疲力竭。他們的光景用「枯乾耗竭」更為貼切。他們與匱乏之人的無數互動，使自己在不知不覺中累垮了。你也是疲乏人之一，就像需要休息與休閒的傷兵一樣。找時間在我同在的愛之光裡安歇吧！我會使你逐漸恢復這幾年來耗損的元氣。凡勞苦擔重擔的人可以到我這兒來，我就使你得安息。

出埃及記卅三章 14 節；馬太福音十一章 28-29 節

5 月 13 日

　　**在試煉中要感謝我**。你在諸事不順的時候，要尋求成長的機會。尤其，你要找到自己必須放手的部分，將你的憂慮卸在我大能的手上。你是否信靠我、照我的選擇安排你生活中的事件？還是你仍試圖讓事情依照你的意思進行？如果你在我引導你前往另一個方向時，還一直試圖照自己的意向行動，你就是把自己的欲望奉為神。

　　要尋找我在你生命中的作為，與我親密生活來敬拜我，並要凡事謝恩。

彼得前書五章 6-7 節；帖撒羅尼迦前書五章 18 節

　　我是全能的神！在我沒有難成的事。我揀選像你一般軟弱的人成就我的目的。我設計你的軟弱，使你敞開迎接我的大能。因此，不要害怕你的有限；或以自己的力量衡量一天的挑戰。我所要求的就是你與我保持連結，信靠我無限的資源而活。當你遇到意外難關時，你毋須恐懼，只要記得我與你同在。對我說話，並在每個挑戰中聆聽我帶領你的話語。

　　我不是粗心大意的神。當我允許困難進入你的生命，就會使你裝備齊全應對它們。要在我的同在裡安歇，你要信靠我的力量。

路加福音一章 37 節；哥林多後書十二章 9 節

　　分別時間與我獨處，對你的幸福極其重要。這不是一種奢侈或選擇；而是生活的必需品。所以，不要因為花時間與我相處而覺得有罪惡感。記住撒但就是那控告信徒的，牠樂於在你身上堆積罪惡感，特別是在你正享受與我同在的時候。當你感受到撒但控告的箭時，就表示你可能走對路了。要拿起信德當作籐牌保護自己遠離魔鬼。與我談論你的經歷，懇求我指示你前方的道路。務要抵擋魔鬼，魔鬼就必離開你逃跑。當你親近我，我就必親近你。

啟示錄十二章 10 節；以弗所書六章 16 節；

雅各書四章 7-8 節

## 5 月 16 日

*我是你的主！*要像追求朋友或心靈愛侶一樣尋求我，但要記得我也是萬王之王，我統管萬有。在你看著眼前的一天時，你可以訂立一些計畫。但你必須暫時擱置它們，預期我可能會有其他想法。最重要的就是決定現在要做什麼。不要掃視你生活的水平線，而要找出必須去做的事情，專注在眼前的任務與那永不離棄你的獨一真神。讓其他一切淡入背景之中，這會整理好你的心，使我能愈來愈多佔據你的意識。

要信任我，會在你完成手上的工作時顯明你該做的事。當你順服我的旨意，我就會引導你的腳步。如此你就能在平安的路上與我親密同行。

❧

箴言十九章 21 節；路加福音一章 79 節

當你靜坐在我的同在裡，要記得我是豐盛的神。我的資源永遠不會用盡；我祝福你的能力是無限的。你活在一個供給與需求的世界，在這世上必需品通常匱乏稀少。即使你個人已擁有足夠物資，卻在周遭的世界看見貧窮。你不可能了解，我的供應是多麼地慷慨充足，這是我榮耀的豐富。

透過花時間在我的同在裡，你就得以一瞥我浩瀚的豐盛滿溢。你所瞥見的只是你將在天國永恆體驗的冰山一角。即使現在，只要你有信心領受，你就能盡情得享我的豐富。要在我的豐盛中歡欣喜樂，因為行事為人當憑著信心，不是憑著眼見。

❧

腓立比書四章 19 節；哥林多後書五章 7 節

暫且擱置你的計畫，來我這兒吧。用心靈和誠實敬拜我，讓我的榮耀滲入你的全人。信靠我！由我引導你度過這一天，按我的節奏成就我的旨意。讓你無數的計畫順服在我的總體計畫下，因我是你生命一切層面的主宰。

在你面前不斷的挑戰，就是每天信靠我，尋求我的道路。不要盲從你的慣常路線，否則你會錯過我為你所預備的道路。天怎樣高過地，照樣，我的道路高過你們的道路；我的意念高過你們的意念。

約翰福音四章 24 節；以賽亞書五十五章 8-9 節

我要你知道你在我的同在裡，是多麼地安全穩固。這是事實，與你的感覺完全無關。你正奔走天路；斷沒有任何事能阻礙你到達目的地。在天國你會與我面對面，今世的標準完全無法度量你的喜樂。即使是現在，雖然你必須透過信心之眼來看我，你也絕不會與我隔絕。我會與你同行；直到世界的末了，一路陪伴你到永恆之中。

雖然我的同在是肯定的應許，但這未必會改變你的感覺。當你忘了我與你同在，你就可能經歷孤單或懼怕。透過感知我的同在，平安就會顯明出負面的感受。因此你每天都要敦促自己；操練定意與我同行。

哥林多前書十三章 12 節；詩篇廿九篇 11 節

耶穌的叮嚀

當你的罪沉重壓在你肩上時，來到我這兒吧。向我坦承你的過犯，這些都是我早在你開口之前就知道的。留在我同在的光裡，領受赦免、潔淨與醫治。要記得我已將公義為袍給你披上，因此斷沒有任何事能使你與我隔絕。無論何時當你絆腳滑跌時，我都在一旁幫助你站起來。

人總想躲避自己的罪，在黑暗中尋求庇護。世人沉溺在自憐、否認、自以為義、責怪與憎恨的黑暗裡。但我是世界的光，我的光驅走黑暗。親近我，讓我的光包覆你，趕走黑暗，使你充滿平安。

約翰一書一章 7 節；以賽亞書六十一章 10 節；

約翰福音八章 12 節

　　我，宇宙的創造者，與你同在並且隨時幫助你。你還能需要什麼呢？當你感到缺乏，這是因為你沒有與我深刻連結。我賜你豐盛的生命；而你的責任就是要信靠我，拒絕為任何事憂慮。

　　負面事情的本身，並不像你對這件事焦慮的程度那麼嚴重。你的心力全放在想要掌控情勢的努力上。你的思緒像餓狼一樣逼近難題，因為你決心讓事情照你的規畫進行，而忘記了我正掌管你的生活。惟一的補救辦法，就是將你的焦點從難題移轉到我的同在上。停止對抗，等著看我的作為，因我是主耶和華！

羅馬書八章 31-32 節；彌迦書七章 7 節

當事情沒有照你的意願發展，你要馬上接受現實。如果你沉溺在後悔中，這些感覺就很容易溢出界線之外，而變為憎恨。要記得我掌管你的環境，因此你要謙卑，服在我大能的手下。即使你還不能理解，也要在我為你生命成就的作為中歡喜快樂。

我就是道路、真理、生命。當你在我裡面，你就擁有今生與未來生命的一切所需。不要讓世界的衝擊粉碎你的思考，或吸引你遠離我。最終的挑戰就是無論周圍發生什麼事，你的眼目都要定睛在我。當我成為你的思考中心，你就能從我的眼光看待環境。

彼得前書五章 6 節 ；約翰福音十四章 6 節

帶著尋求我的渴慕面對每一天。在你起床之前，我已經在動工預備你今天的道路，並在一路上巧妙地放置了隱藏的寶藏。這些寶藏裡有些是試煉，為要將你從屬世的桎梏中釋放出來；有些是顯明我同在的祝福：像是陽光、花朵、鳥兒、友誼與蒙應允的禱告。我沒有遺棄這被罪毀滅的世界；我仍然豐富與它同在。

在你度過今天時，要尋求深埋的寶藏。你將會在一路上尋見我。

歌羅西書二章 2-3 節；以賽亞書卅三章 6 節

　　將你的心帶到我這兒享受安歇與更新。讓我的同在注入你思緒中。當你的心不再競速，你的身體也會放鬆，你就會重新感知我。這種感知對你的靈性健康至關重要；就屬靈方面來說，這就是你的命脈。

　　你所居住的世界其實不只有四度空間。除了三度空間與一度的時間，還有對我同在敞開的另一度空間。這個空間超越其他空間，在你仍居住在世上時，就能一瞥天堂。這是我對人類原創設計的一部分。亞當與夏娃在被逐出伊甸園之前，向來與我在園中同行。我也要你在心靈的花園裡與我同行，讓我在那兒有永遠的居所。

創世記三章 8 節；詩篇八十九篇 15 節

# 5 月 25 日

我兒，這世界對你來說太沉重了。你的心從一個難題跳到一個、再跳到另一個，你的思緒糾成焦慮的結。當你在憂慮中思考，你就把我遺留在你的世界觀之外，你的心也變得灰暗。儘管我渴望伸出援手，我卻不會違背你的自由意願。我默然站在你內心的背景裡，等候你憶起我與你同在。

當你轉離難題轉向我的同在，你的擔子馬上輕省。環境也許沒有改變，但我們一同背負你的擔子；你想要「搞定」每件事的的強烈渴望，就被與我深刻、滿足的連結取代。同心協力，我們就能面對一切事情。

以賽亞書四十一章 10 節；西番雅書三章 17 節；

詩篇卅四篇 19 節

在不斷改變的世界裡，我卻永不改變。我是阿拉法，我是俄梅戛；我是首先的，我是末後的；我是初，我是終。你要在我裡面尋找你渴望的穩固。

我創造了一個井然有序的美麗世界；一個反映我完美本質的世界。然而現在，這世界卻受罪與魔鬼的捆綁。這世上的每個人都在面對未知的莫名威脅。解除毒害威脅的惟一解藥，就是親近我。在我的同在裡，你就能用完全的平安面對未知。

啓示錄廿二章 13 節；約翰福音十六章 33 節

# 5 月 27 日

　　**在一天的起始就尋求我的面**。這項操練會使你在一整天都能「穿上我」與「戴上我」。多數人一起床就趕緊穿上衣服，同樣地，你愈快與我溝通來「穿戴我」，你就愈能準備得周全應對一切。

　　若要穿戴我，你就一定要擁有我的心；你要思我所思。祈求聖靈掌管你的思想，讓你內在的更新改變你。如此你就裝備齊全，能面對我在你一路上設置的人、事、物。讓你的心穿戴我，這就是你面對每一天的最佳準備。這個誡命會帶給你與周遭的人平安喜樂。

⌇

詩篇廿七篇 8 節；羅馬書十三章 14 節；

歌羅西書三章 12 節

讓我用同在恩膏你。我是萬王之王、萬主之主，住在人不能靠近的光裡。當你親近我，我就必回應你、親近你。當我的同在包覆你，你可能會覺得簡直不敢置信我的能力與榮耀。這就是敬拜的一種形式：在我的浩瀚中領會自己的渺小。

人常用自己來衡量所有事物。但相較於我宏偉的浩瀚，人的估量實在太渺小了。這就是為何雖然多數人的生活、動作、存留，都在乎我，但他們卻完全看不見我。享受我同在的榮美，向世人宣揚我榮耀的存在吧！

提摩太前書六章 15-16 節；雅各書四章 8 節；

使徒行傳十七章 28 節；詩篇一四五篇 3-6 節

*我與你同在，始終看顧你。*我是以馬內利
（神與你同在）；我的同在將你包覆在愛的榮光中。
斷沒有任何事物能使你與我隔絕；不論是最上好的
祝福，或是最痛苦的試煉。我有些孩子在痛苦的時
候更快尋見我，因為困境迫使他們倚靠我。還有些
孩子在生活充滿美好事物時覺得更親近我，他們以
感謝與讚美回應我，對我的同在敞開了大門。

　　我確知如何讓你更親近我。你每天都要尋求我
為你預備的一切。將每個事件都看成是我為你需要
量身訂做的供應。當你如此看待生活時，最合理的
回應就是心懷感恩。不要拒絕我的任何恩賜；卻要
在一切環境中尋找我。

馬太福音一章 23 節：歌羅西書二章 6-7 節

　　**與我相處不能匆匆忙忙。**當你在趕時間，你的心就會在我與你眼前的工作之間飄來飄去。將壓迫在你身上的索求往後推；在周圍創造安全的空間，創造你在我裡面安歇的天堂。我也渴望這段全神貫注於我的時間，並使用它來祝福你、裝備你，使你得著力量，面對未來的日子。因此，花時間與我相處就是睿智的投資。

　　將你寶貴的時間獻上為祭。這會在你周圍創造神聖的空間；滿溢著我同在與平安的空間。

詩篇一一九篇 27 節；歷代志下十六章 9 節；

希伯來書十三章 15 節

　　*我給你的平安超越你的理解。*當你把多數心力都放在努力理解事情時，就無法領受這份榮耀的禮物。我看入你內心，看見思緒雖轉個不停，卻仍在原地打轉，毫無進展。一直以來，我的平安盤旋在你上方，尋求能夠落腳之地。

　　要在我的同在裡靜默，邀請我掌管你心思。讓我的光滲入你心靈，直到你因我的存在熠熠生輝，這就是領受我平安最有效的方法。

帖撒羅尼迦後書三章 16 節；約伯記廿二章 21 節

耶穌的叮嚀

# 6月

因為我耶和華你的神必攙扶你的右手，
對你說：「不要害怕！我必幫助你。」

以賽亞書四十一章 13 節

　　*我參與你生命的每一刻。*即使許多路段讓你覺得雜亂偶然，我卻精心規畫你今日旅程的每一时路。因為這世界是墮落的，一切看來好像分崩離析。要預期今天會遇到難題。在此同時，你要相信即使在這混亂的不完整中，我的道是完全的。

　　在你度過今天時，你要時時察覺我，記得我絕不會撇下你。讓聖靈一步一步引導你，保守你免受不必要的試煉，並裝備你熬過一切你所必須承受的。在你步履沉重，踩在這墮落世界的汙泥中，要讓你的心與我同在天國。如此我同在的光就會照亮你，賜給你環境無法染指的平安與喜樂。

詩篇十八篇 30 節：以賽亞書四十一章 13 節

在我醫治、聖潔的同在裡安歇吧。在我轉化你心靈時，你要休息。將憂慮卸下，你才能領受我的平安。別再奮戰，要知道我是神。

不要像法利賽人一樣增加繁文縟節，製造出自己的「敬虔」模式。他們被困在自己的規條裡，以至於失焦看不見我。即使在今天，人所訂立如何活出基督徒生活的規則，也奴役了許多人。他們的焦點放在表現上，而不是放在我身上。

透過親密認識我，你就會更像我。這需要花時間與我相處。放手，放鬆，你要知道我是神。

詩篇四十六篇 10 節；約翰一書三章 2 節

我渴望成為你全人的中心。當你將焦點堅定地放在我身上，我的平安就會挪開恐懼與憂慮。恐懼與憂慮在你的四圍環繞，尋找入口，因此你必須儆醒。讓信靠與感恩為你站崗，在恐懼立足之前就阻擋它們。我的愛裡沒有懼怕，它一直照亮著你。當我用燦爛的平安祝福你時，你要在我愛的光中安靜坐下，讓你的全人轉向信靠我、愛我。

帖撒羅尼迦後書三章 16 節；約翰一書四章 18 節

要歡迎挑戰的時刻，將它們視為信靠我的機會。你有我在你身邊，有我的聖靈在你心中，沒有什麼困難是你無法面對的。當你前方的道路佈滿困境，小心不要用你的能力來衡量那些挑戰，因為這種計算絕對會使你充滿焦慮。若沒有我，你連第一關的障礙都跨不過！

度過艱困日子的方法，就是握緊我的手，與我密切交通。讓你心中的意念與口中話語，充滿信靠與感恩的香氣。無論遇到任何困難，只要你與我親密同行，我必保守你十分平安。

雅各書一章 2 節；腓立比書四章 13 節；以賽亞書廿六章 3 節

　　**要記得你活在墮落的世界中，**這是個被罪玷汙的變態世界。許多挫折與失敗都是肇因於你在今生尋求完美。除我以外，這世界沒有什麼是完美的。這也是為何親近我會滿足你深切的渴望，使你充滿喜樂。

　　我在每個人心中都植入了對完美的渴求。這是良性的渴望，也惟有我能滿足這份渴望。然而多數人卻在他人與屬世的享樂或成就上，尋求這種滿足。他們因此製造了偶像，在偶像面前屈膝。除了我以外，你不可有別的神！要使我成為你內心最深切的渴求，讓我滿足你尋求完美的渴望。

出埃及記二十章 3 節；詩篇卅七篇 4 節

耶穌的叮嚀

## 6 月 6 日

尋求我的面，你就能滿足最深切的渴望。我的世界充滿美麗的事物，它們本來就是要反映我，向你提醒我恆久的同在。這世界仍對有眼可見、有耳可聽的人宣揚我的榮耀。

在你全心尋求我之前，你的心黑暗無光。我選擇向你傾倒我的光，使你能成為燈塔照亮世人。這個職分裡容不下驕傲，你的本分就是反映我的榮光，我是主耶和華！

詩篇一○五篇 4 節；詩篇十九篇 1-2 節；以賽亞書六十章 2 節

6月7日

　　我在你的四圍，好像一層光將你包圍。
我與你同在是個應許，無論你是否體察到我。許
多事情可能會遮蓋你的感知，但頭號肇事者就是憂
慮。我的兒女常將憂慮視為生活中無法避免的現
實。然而，憂慮是一種懷疑不信，是與我為敵。

　　誰掌管你的生命？如果是你自己，那麼你有充
分理由可以憂慮。但如果是我，那麼憂慮既無必要
也無建設性。當你開始對某事感到焦慮，要將這件
事交託給我。退一步，重新定睛在我。我要不親自
出手處理問題，要不就指示你如何對付困難。在世
上你們有苦難，但你無須失焦錯過我。

路加福音十二章 22-31 節；約翰福音十六章 33 節

　　我要你全然屬我，充滿我同在的光。我為了你，降生為人，又為了你的罪受死、然後復活。別對我隱瞞任何事，要將你最隱蔽的意念帶入我愛的光中。你所帶來的一切，我都會洗淨它們，使它們轉化遠離黑暗。我知道你的一切，遠比你還了解你自己。但我壓抑想要「修好」你的渴望，反而等候你來我這兒尋求幫助。想像一下，這需要多少神聖的壓抑，因為我擁有天上地下一切的權柄。

　　帶著受教的心尋求我的面，帶著渴望改變的心，稱謝進入我的同在。

馬太福音廿八章 18 節；詩篇一○○篇 4 節

**要設法活在我的愛中**，因為愛能遮掩許多的罪，無論是你的罪還是他人的罪。要像披戴光之斗篷一樣，披戴我的愛，從頭到腳遮蓋你。不要怕，因為愛既完全，就把懼怕除去。要透過愛之眼看待別人，要用我的眼光看他們，如此你才能走在光中，取悅我。

我要信徒的肢體閃耀著我的同在。當零星的黑暗逐漸黯淡了愛的光亮，我是多麼憂傷。回轉歸向我吧，回轉歸向我，找回你起初的愛心！在聖潔的榮光中凝望我，我的愛會再次將你覆蔽在我的平安裡。

彼得前書四章 8 節；約翰一書四章 18 節；

啟示錄二章 4 節

耶穌的叮嚀

## 6月10日

我兒，在我裡面安歇吧。讓你的心稍作休息，別再計畫與嘗試預測即將發生的事。不住地禱告，求我的聖靈掌管今日所有的細節。記得你與我同行在旅途上。當你嘗試窺探未來，為一切可能性擬定計畫時，你就忽略了那時時刻刻支持你的同伴；主耶和華你的父神。在你焦慮凝望遠方時，你甚至感覺不到我的手緊握著你手。我兒，你真傻呀！

每日你都要操練想起我。切勿忘記我在你身邊。這會使你一整天、每一天都安歇在我裡面。

帖撒羅尼迦前書五章 17 節；詩篇六十二篇 5 節

倚靠我，不要懼怕！因為我是你的力量，是你的詩歌。勿讓恐懼消磨你的力氣，而要投注心力信靠我、唱我的歌。爭奪你心靈主控權的爭戰如火如荼，而多年的憂慮使你在仇敵面前不堪一擊。因此，你必須儆醒捍衛你的心思意念。不要看不起自己的軟弱，我正使用它吸引你親近我。只要你一直需要我，這一切的努力都值得。你在內心掙扎時，並非孤身一人，我內住在你心中的聖靈，始終準備好幫助你贏得這場仗。求聖靈掌管你的心，祂就會賜你生命與平安。

❧

以賽亞書十二章 2 節；羅馬書八章 6 節

耶穌的叮嚀

讓我幫助你度過今天。從你早晨起床到夜間就寢，這中間有許多可能的路徑。你一路上都要警覺留意諸多抉擇點，不斷察覺我的同在。你只會以一種、或另一種方式度過這一天；一種是哀嘆呻吟，一路拖著步伐蹣跚而行，這終究會讓你過完這一天。但你有更好的選擇；你可以選擇與我一路同行在平安的路上，按你的需要竭力信靠我。路途上仍會有困難，但你能在我的力量中，信心滿滿，面對一切艱難險阻。要為著你遭遇的每個難題稱謝我，看我如何將試煉化為祝福！

哥林多前書十章 10 節；路加福音一章 79 節

　　我在你裡面正進行新的創造：一座能將喜樂湧流到他人生命的活泉。不要誤認這份喜樂只屬於你自己而想以任何方式居功。相反地，你要歡歡喜喜看著我聖靈湧流、透過你去祝福他人。你要讓自己成為聖靈果實的大寶庫。

　　你的本分就是活出親近我的生命，對我在你身上成就的一切敞開心，不要試圖控制我的聖靈在你心中流動。只要在我們一同度過今天時，定睛在我；享受我的同在，這會讓你滿溢著愛、喜樂與平安。

約翰福音三章 8 節；加拉太書五章 22 節

耶穌的叮嚀

*我以永遠的愛愛你。*在時間起始之前，我就認識了你。多年來你在無意義的海中遊蕩，尋找愛，企求盼望。我在那段時間卻不斷追求你，渴望將你擁在我憐憫的膀臂中。

當時機成熟，我就會向你顯現我自己。我高舉你脫離絕望深淵，將你安置在堅固磐石上。有時你覺得自己赤身露體，暴露在我同在揭露真相的光中。我為你披上華衣，那是我公義的外袍；我對你唱無始無盡的永恆愛之歌；我為你的頭腦注入意義與價值；為你的心靈注入和諧。與我一同唱歌，只要我們同心，就能吸引世人走出黑暗，進入我的奇妙光明。

耶利米書卅一章 3 節；以賽亞書六十一章 10 節；

彼得前書二章 9 節

當你以靜默和信靠親近我，你就有力量。你的周圍必須有個緩衝地帶，好讓你能顧念眼所不見的。由於你無法看見我，你絕不可讓你的感官支配你的心思意念。這世代的咒詛就是過度刺激感官，這攔阻了人，使他們無法察知眼所不見的世界。

這有形可觸的世界，仍向有眼可見、有耳可聽的人反映我的榮耀。培養耳聰目明的方法，就是分別時間與我獨處；目標是活在這眼所看見的世界中，卻仍能察覺眼所不見的事物。

哥林多後書四章 18 節；以賽亞書六章 3 節；

詩篇一三〇篇 5 節

耶穌的叮嚀

　　與我同行崇高的道路。許多聲音喧鬧，競相要得到你的注意，試圖使你轉向別的道路。但我已呼召你，不斷與我親密同行；深刻領會我的同在，活在我的同在裡。這是我對你的獨特設計，在創世之前就已形成。

　　我呼召每個兒女走不同的路，每條路都有我精心設計的痕跡。不要讓任何人說服你；他的路才是惟一正確的道路，也要小心，不要吹捧自己的道路高過他人的道路。我對你的要求就是*行公義，好憐憫，存謙卑的心與我同行*：無論我領你往何處去。

以弗所書二章 10 節；彌迦書六章 8 節

　　**要學習自我嘲諷。** 不要太嚴肅看待自己或環境。你要休息，要知道我是與你同在的神。當你渴慕我的旨意超乎一切，生活就不再那麼壓迫。別再試圖跟蹤調查我的責任，監看那些超乎你控制的事物。接受你管轄的界線，你就能尋得自由。

　　笑聲會減輕你的重擔，將你的心提升至天堂。你的笑聲伴著美妙的讚美旋律直達天聽。就像父母聽見孩子的笑聲就開心一樣，我也喜悅聽我兒女歡笑。當你夠信靠我，你就能輕鬆愉快地過生活，我也歡喜快樂。

　　不要把世界的重擔都扛在肩上，因而錯失我同在的喜樂。相反地，你們當負我的軛，學我的樣式；因為我的軛是容易的，我的擔子是輕省的。

箴言十七章 22 節；箴言卅一章 25 節；

馬太福音一章 23 節；馬太福音十一章 28-30 節

你是我深愛的孩子。我從創立世界以前就揀選了你，與我同行在為你所設計獨一無二的道路上。要專心與我同行，不要試圖預測我對你的計畫。如果你相信我向你所懷的意念是賜興旺的意念，不是降災禍的意念，你就能放輕鬆享受當下。

你的盼望與未來奠基於天國，那兒有永恆的喜樂等候著你。斷沒有什麼能奪走你這份不可思議、豐盛與福樂的基業。有時我讓你一瞥榮耀的未來，以鼓勵你、鞭策你。但你的首要焦點，還是應該保持在我身上，我會在滿足你的需要與我的目的之間，設定步伐。

以弗所書一章 4 節；箴言十六章 9 節；

耶利米書廿九章 11 節；以弗所書一章 13-14 節

我是堅固磐石，你能站在上面跳舞、歌唱歡慶我的同在。這是我對你的至高神聖呼召；你要領受它如同領受珍寶一樣。榮耀我、享受我，比維持井然有序的生活更重要、更優先。別再苦苦奮鬥想要控制每件事；這既不可能，也是在浪費寶貴精力。

我對每個孩子的引導都是獨一無二。這就是為何聆聽我，對你的幸福是如此重要。讓我預備你面對等候你的這一天，引導你行正確的方向。我一直與你同在，因此不要喪膽懼怕。只要你抓緊我的手，雖然恐懼偷偷潛向你，它卻不能害你。定睛仰望我，在我的同在裡得享平安。

⁂

詩篇五篇 11 節；以弗所書三章 20-21 節；

猶大書 24-25 節；約書亞記一章 5 節

## 6 月 20 日

　　**我一直在對你說話。**我的本性就是溝通，雖然並非總是透過言語。日復一日，年復一年，我向天際拋擲落日。我透過你所愛之人的面容與聲音說話；我用微風輕撫你，使你覺得清新愉悅；我在你的靈魂深處輕聲細語，你的靈是我的居所。

　　當你有眼可見、有耳可聽時，你隨時都能找到我。求我的聖靈使你在屬靈上耳聰目明。每當你發現我的同在，我就歡喜快樂。你要操練在靜默的間隙觀看與聆聽我，如此你就會逐漸在更多時刻裡尋見我。你若專心尋求我，你就必尋見。

❧

詩篇八篇 1-4 節；詩篇十九篇 1-2 節；

哥林多前書六章 19 節；耶利米書廿九章 13 節

在我祝福你時，你要與我一同耐心等候。不要在內心不斷計算時間，匆忙跑進我的同在裡。我住在不受時間影響的永恆中，我是昔在、今在、以後永在的全能者。對你來說，時間是種保障；因為你是脆弱的生物，只能應付一天廿四小時的生命切割。時間也可能會成為一個暴君，在你心中殘酷地流逝。你要學習掌管時間，否則它就會成為你的主人。

雖然你是受限於時間的受造物，但你要在不受時間限制的永恆中尋求我。當你專注定睛我的同在，時間與工作對你的壓迫就會減弱。我會賜福給你，保護你，我的臉會光照你，賜恩給你，並賜你平安。

彌迦書七章 7 節；啟示錄一章 8 節；民數記六章 24-26 節

耶穌的叮嚀

當為你一切掛慮的事感謝我。你已經瀕臨
悖逆，進入險境，快要向我的臉揮拳了。當初你只
想對我稍稍抱怨我給你的待遇，然而一旦你越過那
條線，怒氣與自憐的巨浪就會把你捲走。預防這種
走火入魔的最佳保護，就是心懷感恩。因你絕對無
法同時感謝我又咒詛我。

為著試煉向我感恩，一開始你會覺得彆扭做
作。但你若堅持不懈，你在信心中禱告的感恩言
語，最終會改變你的心。感恩向你喚起我的同在；
我的同在會遮蔽你所有的煩擾。

詩篇一一六篇 17 節；腓立比書四章 4-6 節

讓我的愛流向你，洗去恐懼與懷疑不信。在你思考應對情勢的策略時，信靠的回應會將我包含在你的思考中。我持續的同在是應許，向你保證你絕不必孤身面對任何事。我的兒女明白我始終與他們同在的真理，然而他們卻仍迷糊絆腳，未察覺我愛的同在圍繞他們，這讓我何等傷痛！

當你憑信心倚靠我度過一天，我痛苦的心就得到安慰。每當你的注意力飄走時，要溫柔地讓它們回到我身上。我在你與我同行的過程中，尋求的是堅持不懈，而非尋求完美。

～

詩篇五十二篇 8 節；申命記卅一章 6 節；

以弗所書四章 30 節

握住我的手，信靠我。只要你感知我與你同在，一切都會平安無事。當你與我同行在光中，你幾乎不可能絆腳。我創造你享受我超乎一切。你的心惟在我裡面，才能找到最深切的滿足。

恐懼、焦慮的意念，會消逝在我同在的光裡。當你遠離我，你就脆弱得暴露於世上不斷運作的黑暗裡。不要訝異當你忘記抓緊我的手時，你會多麼容易犯罪。在世上，倚靠被視為不成熟。但在我的國度，倚靠我卻是長大成熟的首要標準。

以賽亞書四十一章 10 節；詩篇六十二篇 5-6 節

敞開你的手與心，領受這一天作為來自於我的恩賜。我用日出開啟每一天，宣告我光亮的同在。當你起床時，我就已經預備好你前方的道路。我熱切等候你第一個有意識的心思意念。只要你微微瞥向我，我就歡喜快樂。

為我獻上感恩的禮讚，這會開啟你的心與我充分溝通。因為我是神，是一切祝福的源頭，因此心懷感恩就是親近我的最佳方式。你要對我唱讚美歌；訴說我的奇妙工作。要記得我必因你歡欣喜樂，且因你喜樂而歡呼。

詩篇一一八篇 24 節；詩篇九十五篇 2 節；西番雅書三章 17 節

6 月 26 日

　　今天無論發生什麼事，你要冷靜地察覺我。要記得今天我行在你前方，也與你同行。沒有什麼會出乎我的意料。只要你仰望我，我不會讓環境吞沒你。我會幫助你面對今天的一切。與我合作會帶來超乎你一切難題的平安；察覺我的同在，你就會充滿能承受一切後果的喜樂。

詩篇廿三篇 1-4 節；哥林多後書四章 16-17 節

**在我裡面稍作歇息吧**。因你最近才跋涉了一段陡峭、崎嶇的道路。前方的路佈滿未知；別向後看，也別向前望。相反地，你要定睛注視我，我是你永遠的同伴。你要相信我會將你裝備齊全，面對一路上等待你的一切。

我設計了時間來保護你，因你無法承受一次看見你的整個生命。雖然我不受時間限制，但我在當下這一刻與你相遇。你要在我的同在裡重新得力，深呼吸感受我同在的風。信任的最高境界，就是時時刻刻享受我的同在。**我與你同在。你無論往哪裡去，我必看顧你。**

詩篇一四三篇 8 節；創世記廿八章 15 節

**你要品嚐與見識我的美善。**這條誡命邀請
你經歷我真實的同在,它也含著一個應許。你愈經
歷我,你就愈深信我的美善。這項理解對你的信心
之路極為重要。當困難來襲,人性的本能就是懷疑
我的良善。即使對親密認識我的人而言,我的道路
依然如謎樣難解。天怎樣高過地,照樣,我的道路高
過你們的道路;我的意念高過你們的意念。不要試圖測
度我的道路,而要分別時間享受我,並經歷我的美
善。

詩篇卅四篇 8 節;以賽亞書五十五章 8-9 節

在你早晨起床之時，你要察覺我與你同在。也許你還無法清楚思考，但我可以。你清晨的思緒經常飽含焦慮，直到你與我連結。呢喃我的名，就能邀請我進入你的心思意念。你的一天會突然亮起來，更容易度過。你不可能會害怕充滿我同在的一天。

因你知道我與你同在，你不會孤單面對任何事，你的信心就會增加。焦慮來自於提出錯誤的問題：「如果這件事與那件事發生，我有辦法處理好嗎？」真正的問題不在於你是否能應對發生的一切，而在你我同心協力是否能克服萬難。正是你我同心的要素，才能讓你信心滿滿，面對今天。

詩篇五篇 3 節；詩篇六十三篇 1 節；腓立比書四章 13 節

我是真理，是能釋放你得自由的獨一真神。當聖靈更全面掌管你的心思與行動，你在我裡面就有自由。你能更得釋放成為我創造你的樣式，這是當你降服於我的靈之時，我在你裡面成就的工。當你靜默坐在我的同在裡，全神貫注於我，我就能施展我精緻的手藝。

讓我的心思意念自由滿溢在你的意識之中，激起豐盛的生命。我就是道路、真理、生命。當你跟從我，我就領你走新的道路，那是一條你從來也想像不到的道路。不要擔憂前方的路會發生什麼事。我要你因著認識我；這位為了使你得自由而死的神，你就得著安全感。

---

約翰福音八章 32 節；腓立比書二章 13 節；

約翰福音十四章 6 節

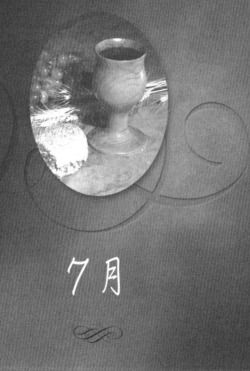

# 7月

如今，那些在基督耶穌裡的就不定罪了。

羅馬書八章 1 節

## 7月1日

　　*我是生命與豐盛之光。* 當你花時間「浸潤」在我的同在裡，你就有力量得到光照。透過與我溝通，你就將重擔轉移到我強壯的肩上。藉著凝望我，你的生命就獲得屬神的智慧。你若要整理自己的思緒，理順前面的一天，這段與我獨處的時光就非常重要。

　　要甘心樂意爭取與我相處的寶貴時光。阻礙會以各種方式臨到：你自己想賴床；惡者決心要使你分心遠離我；家人朋友的壓力；以及你自己認為時間應該更有效運用的內在批評。當你更深渴望取悅我勝過一切，你就有力量抵擋那些攔阻。你要以我為樂，因我是你內心最深的渴求。

　詩篇四十八篇 9 節；申命記卅三章 12 節；詩篇卅七篇 4 節

耶穌的叮嚀

讓我向你顯明今天我對你的旨意。我始終引導著你，你此刻就能安歇並享受我的同在。幸福生活既是一條誡命，也是一門藝術。你要專心親近我，我是神聖的藝術家。當我在你的生命動工時，你要操練你的思想來信靠我。凡事禱告，然後將結果交託給我。不要懼怕我的旨意，因為我透過這些旨意成就你的最大益處。深深吸入對我的完全信靠；我永久的膀臂在你以下。

詩篇五篇 2-3 節；申命記卅三章 27 節

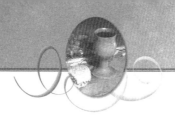

　　我的兒女們將論斷別人以及論斷自己，當作消遣娛樂。但我是惟一有資格的裁判，而我已用自己的血宣判你們無罪。你獲判無罪是因著我無比的犧牲。這也是為何當我聽見孩子們論斷別人，或沉溺在自我厭惡時，我會如此生氣。

　　如果你親近我吸收我的話語，聖靈就會在必要時引導你、更正你。因為那些在我裡面的，就不定罪了。

路加福音六章 37 節；提摩太後書四章 8 節；

提多書三章 5 節；羅馬書八章 1 節

當你用心靈誠實敬拜我，你就加入了在我
寶座前不間斷的天使合唱。雖然你聽不見他們的聲
音，你的感恩與讚美在天堂卻清晰可聞。我也聆
聽你的祈求，但為你開路直達我心的，卻是你的感
恩。當我倆之間的路暢通寬闊，我的祝福就豐豐富
富傾倒在你身上。最偉大的祝福就是親近我，在我
同在裡享受豐盛的喜樂與平安。因此一整天，你都
要操練讚美我、感謝我。

約翰福音四章 23-24 節；詩篇一○○篇 4 節

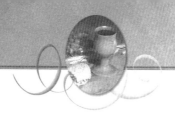

帶著感恩的心靠近我，明白你的福杯滿溢。感恩的心能使你更清楚感知我，在我們的濃情蜜意中歡喜快樂。無論是什麼，都不能叫你與我的愛隔絕！這是你安全感的基礎。無論何時當你開始感到焦慮，就要提醒自己，你的安全感單單在我裡面，我是全然可靠的神。

你永遠無法掌控生活環境，但你可以信靠我的掌權，得享安歇。不要苦苦追求安全可預測的生活方式，而要尋求更深更廣地認識我。我渴望使你的生命成為榮耀的探險，但你必須停止攀爬老路。我總在所愛的人身上行新事，因此你要留心我為你預備的一切。

---

羅馬書八章 38-39 節；詩篇五十六篇 3-4 節；

以賽亞書四十三章 19 節

聽我說！我是你的父神。你要明白，身為永恆君王的兒女是什麼意義。你最重要的責任，就是奉獻於我。這項責任是如此喜樂的殊榮，甚至於你覺得是種奢侈。因此當你在生活中，退一步騰出空間與我獨處時，你常會覺得有罪惡感。這世界等著將你擠壓進它的模型，排擠掉你獻給我的時間。世界的道路也扭曲了你的良知，使你因著行出最取悅我的事：尋求我的面，而使你受到良心譴責。傾聽我，別理會那些試圖使你分心的喧囂擾嚷。求我的靈掌管你的心，因為祂與我完美和諧同工。要靜默留心我的同在，因為你所站之地是聖地。

以賽亞書九章 6 節；撒迦利亞書九章 9 節；

羅馬書八章 15-16 節；出埃及記三章 5 節

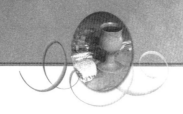

你在一切的心思意念上都要信靠我。我知道你有些想法是無意識、或不全然有意識，我不會因此責怪你。但你能夠引導你有意識的意念，這種能力遠超乎你的認識。要操練特定思考模式；信靠我、稱謝我，那些思想意念就會更自然而然發生。只要你一發現負面或罪惡思想出現，就要拒絕它們。不要試圖向我隱瞞它們；反要向我坦白並將它們交給我，使你更輕省，能繼續奔跑你的道路。這控制思想意念的方法，會保守你的心在我的同在裡，使你的腳走在平安的路上。

詩篇二十篇 7 節；約翰一書一章 9 節；路加福音一章 79 節

耶穌的叮嚀

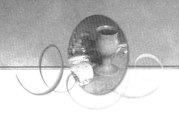

# 7 月 8 日

　　當你尋求我的面，要把其他的思想意念擱在一旁。我超乎一切，我也無處不在；你與我的溝通超越了時間、也超越了環境。準備好領受我同在的豐盛祝福，因為我是無限豐盛的神。敞開你的心與靈，更多領受我。當你在我裡面的喜樂，與我在你裡面的喜樂相遇，就會迸出天堂至樂的火花。這就是此時此刻的永生，讓你淺嘗那等待你的將來生命。你如今彷彿對著鏡子觀看，模糊不清，到那時就要面對面了。

約翰福音十五章 11 節；哥林多前書十三章 12 節

## 7月9日

　　**停止憂慮，直到你聽見我的聲音。**我在你內心深處，對你輕聲細語。你的心來回穿梭，四處飄蕩，織成焦慮困惑的網。當我的意念在你心中升起時，它們就糾結在那些黏密的憂慮之網中。因此，我的聲音變得含糊不清，你只聽見「一片空白」。

　　祈求我的靈使你的心安靜，好使你能思想我的意念。這份能力是身為我兒女的一大優勢，乃是依照我自己的形像所造。不要因世界的聲音，或你自己的想法而挫敗。相反地，只要心意更新而變化。安靜坐在我的同在裡，讓我的意念重新設定你的思考。

申命記三十章 20 節；創世記一章 27 節；羅馬書十二章 2 節

耶穌的叮嚀

在我平安的同在裡歇息吧。不要將你表現如何的壓力帶進聖所。當你與你完全信靠的人同行時，你就能放心作自己。這是真實友誼所帶來的喜樂。雖然我是萬主之主、萬王之王，我卻也渴望成為你的親密摯友。當你在我們的感情中緊張或矯飾時，我就感到受傷。我知道你最黑暗的一面，但我也認識你最美善的一面。我渴望你能信任我，信任到當你與我在一起時，你能完全作自己。當你用真我與我同在，我就能帶出最美善的你，那是我在你靈魂中植入的恩賜。放輕鬆，享受我們的友誼吧。

啟示錄十七章 14 節；約翰福音十五章 13-15 節

**單單敬拜我。**崇拜偶像一直是我子民滅亡的原因。我毫不隱蔽我是會忌妒的神。現今的偶像比古代的偶像更隱約微妙，因為今日的假神通常在宗教領域之外。人物、財產、地位與自我膨脹，是多數今日神祇的其中幾個。要小心，不要對這些人、事、物屈膝下拜。假神絕不會使你滿足；相反地，他們只會激起更多欲望。

當你尋求我而非世界的偶像，你就經歷我的喜樂與平安。這些無形的喜樂與平安能夠紓解你的渴求，給你深切的滿足。世界的花花誘惑轉瞬即逝，我同在的光卻是明亮而永恆。與我同行光中，如此你就能成為燈塔，吸引人來親近我。

出埃及記二十章 4-5 節；撒母耳記下廿二章 29 節

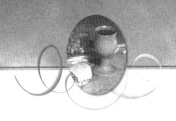

　　無論何時當你感到遠離我，就要用愛的信任呼喚我的名。這簡單的禱告可以讓你重新察覺我的同在。我的名在這世上一直被濫用；世人用它來當作咒詛的話。這種語言的侵犯一路傳到天上，一字一句都被聽見並記錄下來。當你信任我、呼喚我的名，我疼痛的雙耳就得到舒緩。世上褻瀆神的刺耳怨毒，無法與我兒女呢喃著「耶穌」相比。我的名帶著祝福的能力，遠超越你的理解。

使徒行傳四章 12 節；約翰福音十六章 24 節

耶穌的叮嚀

我要你經歷救恩的豐盛，也就是恆久與完美之愛的喜樂。你養成習慣：基於長相、行為或感覺來論斷自己。如果你喜愛鏡中所看見的，你就覺得自己較配得我的愛。當諸事順利而你表現得宜，你就覺得較容易相信；你是我摯愛的孩子。當你灰心喪志，你常內省好能糾正一切出錯的地方。

不要試圖「矯正」自己，而要定睛仰望我，我是你靈魂所愛。不要花費力氣論斷自己，而要重新調整方向讚美我。要記得你在我眼中穿著我公義的外袍，在我完全的愛中容光煥發。

以弗所書二章 7-8 節；希伯來書三章 1 節；詩篇卅四篇 5 節

要不斷與我同行在我為你選擇的道路上。你想要與我親密同活的渴望，使我的心喜悅。我大可馬上賜下你渴望的屬靈豐盛，但這不是我為你預備的道路。我們同心協力，就能穩健前進、邁向高峰。這趟旅程有時艱鉅困難，你又軟弱乏力。有時你步伐輕盈在高崗上跳舞；但現在，你的腳程經常蹣跚沉重。我對你的要求只是踏出下一步，緊握我的手，尋求力量與方向。此刻儘管路途艱辛，景色沉悶，轉彎處卻有閃亮的驚喜。要持守在我為你選擇的道路上，因為這是真正生命的道路。

詩篇卅七篇 23-24 節；詩篇十六篇 11 節

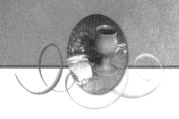

**不要為明天憂慮！**這不是建議，這是誡命。我將時間分為日與夜，好讓你可以分別管理生活的部分。我的恩典夠你用，但一次的分量就是一天。當你憂慮未來，你就是在將一天又一天的難題堆在你重心不穩的框架上。你背負著重擔蹣跚而行，但這些重擔卻從來不是我要你背負的。

讓信心躍進，扔掉這些壓迫人的重擔吧。焦慮的意念蜿蜒交錯在你腦中，但信靠我卻將你直接帶入我的同在裡。當你堅定信心，憂慮的鐐銬就會馬上鬆開。要時時刻刻信靠我，你就能不斷享受我的同在。

馬太福音六章 34 節；哥林多後書十二章 9 節；

詩篇六十二篇 8 節

自憐是泥濘，是無底的深淵。一旦你掉進去，就可能在泥沼中愈陷愈深。當你順著那些滑溜的牆往下滑，你就是一路滑向沮喪，而那兒的黑暗是何等巨大。

你惟一的盼望，就是抬頭仰望我同在的光照亮你。雖然這光在你眼中看似黯淡，但在深淵之中，那些盼望之光卻能照到任何深處觸及你。當你在信靠中定睛在我，你就慢慢脫離絕望的深淵。最後，你就能升高抓住我的手。我會再次將你拉起進入我的光中。我會溫柔地潔淨你，洗去沾黏的汙泥。我會用公義覆蔽你，與你同行生命的道路。

詩篇四十篇 2-3 節；詩篇四十二篇 5 節；詩篇一四七篇 11 節

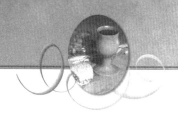

　　**與我獨處片刻吧。**你可以讓這索求不停的
世界，先在一旁等著。多數人讓我等，心中將這合
理化，想著有一天他們會找出時間專注在我身上。
但當人把我擱置在他們生活的背景中愈久，他們就
愈難尋見我。

　　你周遭的人都頌揚忙碌；他們已經任由時間成
為控制他們生活的暴君。即使是那些認識我、知道
我是救主的人，也常跟隨世界的步調。他們相信錯
覺，以為工作愈多就是愈好，以為愈多會議、愈多
節目、愈多活動，就愈充實。

　　我呼召你跟從我走單獨的路，將與我獨處視為
最優先要務、與最深的喜樂。這是多數人不喜愛與
唾棄的道路。然而，你已經選擇那上好的福分，是不
能奪去的。不僅如此，當你與我親密同行，我就能
透過你祝福他人。

雅歌二章 13 節；路加福音十章 42 節

我比你想像的還要親近你，在你的每時每刻都豐富與你同在。你與我在愛中連結，任何事物都無法砍斷。然而，有時你可能覺得孤單，因為你與我的合一是看不見的。你要求我開你的眼，好讓你在每一處都能找到我。你愈察覺我的同在，你就愈有安全感。這不是逃避現實，而是進入最終的真實。我遠比你所見、所聽與所觸的世界更真實，而信就是所望之事的實底，是未見之事的確據。

使徒行傳十七章 27-28 節；希伯來書十一章 1 節

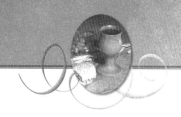

將你所有的感受都告訴我，甚至是你不希望自己會有的感受。恐懼與焦慮仍折磨你，感覺本身並不是罪，但它們卻可能引誘你犯罪。恐懼的火箭日夜向你飛來；這些來自惡者的攻擊無情地對著你發動。你要拿著信德當作籐牌，可以滅盡那惡者一切的火箭。在我裡面堅固信心，無論你感覺如何。如果你堅持下去，你的感覺終會與你的信心一致。

不要躲避你的恐懼，或假裝恐懼不存在。你隱藏在內心深處的焦慮，會生出對恐懼的恐懼，這是可怕的恐懼之胎。要將你的焦慮帶入我同在的光裡，在那兒我們就能一同對付它。你要專心仰賴我，恐懼就會逐漸失去在你心中的立足點。

以弗所書六章 16 節；約翰一書一章 5-7 節；

以賽亞書十二章 2 節

耶穌的叮嚀

尋求我的面，你就會找到你所渴慕的一切。你內心最深的渴望，就是與我親近。我知道，因為我將你創造來渴慕我。不要因為分別時間在我的同在裡靜默而有罪惡感。你只是在回應內心神聖的呼召。我依自己的形像創造了你，將天堂藏在你心中。你對我的渴慕是一種思鄉情結，渴望你在天國真正的家鄉。

不要懼怕與眾不同。我呼召你旅行的道路完全適合你。你愈親密跟從我的帶領，我就愈能充分發展你的恩賜。你若要全心全意跟從我，就必須捨棄你想要取悅別人的渴望。然而，你與我的親密，將能使你在這黑暗世界發光照亮，祝福眾人。

詩篇四十二篇 1-2 節；詩篇卅四篇 5 節；

腓立比書二章 15 節

　　當你需要恢復活力時，就到我的同在裡安歇吧。安歇未必如世人認為的只是閒晃。當你安歇在我的陪伴中，你就是展現對我的信靠。「信靠」是個含意豐富的詞，滿載你生命的意義與方向。我要你倚靠、信賴並對我有信心。當你倚靠我、尋求幫助，我就喜悅你倚靠的信心。

　　許多人在精疲力竭時遠離我，因為他們將我與義務及勤奮聯想在一起，當他們在工作上需要休息時，就會試圖躲避我的同在。這讓我何等傷心！就如我透過先知以賽亞說：「你們得救在乎歸回安息；你們得力在乎平靜安穩。」

箴言三章 5 節；以賽亞書三十章 15 節

竭力地取悅我勝過萬事，你就能得著自由。你只能有一位主。當你讓他人的期望驅使你，你就是任由自己的精力被風驅散。你想要光鮮亮麗的渴望，也榨乾了你的力氣。我是你的主，我不會驅使你違背真我。你的偽裝使我生氣，尤其是當你正在我的「服事」中。你要時時刻刻專心與我親近，因為當你定睛在我的同在，你就不可能失真。

以弗所書五章 8-10 節；馬太福音廿三章 8 節；

馬太福音六章 1 節

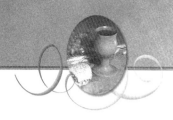

**我是世界的光**。人一生匍匐前進咒詛黑暗，但我卻始終光照著你。我渴望每個跟隨我的人都是傳達光的人。內住在你心中的聖靈，能夠從你的面容顯明，使你周圍的人看見我。在你行過這一天時，求我的聖靈透過你活出來。帶著喜樂的信靠牽我的手，因我永不撇棄你。當你反映出「我是誰」，你就照亮這世界。

約翰福音八章 12 節；馬太福音五章 14-16 節；

哥林多後書三章 18 節；出埃及記三章 14 節

# 7 月 24 日

　　感恩開啟我同在的門。我始終與你同在，但我也盡力使你保有選擇的自由。我在你我之間放置了一道門，並使你能開關這道門。有許多方式可以開啟這道門，但感恩的心乃是最有效的方法。

　　感恩建構在信靠的基礎上。當感恩的話語哽在你喉嚨出不來，你就必須檢視你的信任基礎。當感恩從你的心自由湧流到你嘴唇，就讓你的感恩帶你親近我吧。我要你學習凡事謝恩的藝術。看看你一天能稱謝我多少次；這會喚醒你察覺到許許多多的祝福。當試煉臨到，這也會緩衝它帶來的打擊。操練感恩，就是在操練我的同在。

詩篇一○○篇 4 節；帖撒羅尼迦前書五章 18 節

在你聆聽鳥兒呼喚彼此時，也要聆聽我對你愛的呼喚。我不斷透過視覺、聲音、思想、印象，還有聖經，對你說話。我與你溝通的方式無限多樣，你的責任就是留心我的信息，無論它們透過什麼形式出現。當你在一天中動身尋求我，你發現這世界鮮活地充滿我的同在。你不僅能在美的事物與鳥鳴中尋見我，也會在悲劇與充滿悲痛的臉孔中找到我。我能將最深的悲痛交織化為益處。

今天你就要尋求我與我的信息。你們尋求我，若專心尋求我，就必尋見。

約翰福音十章 27 節；羅馬書八章 28 節；

耶利米書廿九章 13 節

耶穌的叮嚀

## 7 月 26 日

放輕鬆，讓我帶領你度過今天。萬事都在我的掌握之中。你常焦慮盯著前面的日子，試圖想出要怎麼做，何時做。在此同時，電話或電鈴響起，你又必須重整你的計畫。這些規畫使你更加糊塗，使你分心不再專注於我。你不僅要在安靜時專心留意我，更要時時留心我。當你仰望我，我就指示你現在與往後要怎麼做。

你浪費了大量時間精力去計畫。當你讓我來引導你的腳步，你就得釋放能享受我，並尋見今天我為你預備的一切。

詩篇卅二篇 8 節；詩篇一一九篇 35 節；詩篇一四三篇 8 節

盼望是將你連接到天堂的金繩。即使是在諸多試煉攔阻你的時候，這條繩也幫助你抬頭挺胸。我從未撇下你，也從不放開你的手。但當你與我同奔天路，若沒有盼望的線，你會垂頭喪氣，你的腳會沉重無力。盼望能提升你的眼界，讓你的視線從疲憊的雙腳，轉到你在天路能看見的榮耀景象。你會想起我們同行的路，最終是通往天國的高速公路。當你想到這榮耀的目的地，前方之路的崎嶇或平順，就不再那麼重要。我正操練你心懷雙重焦點：我持續的同在，以及天國的盼望，讓你順利抵達天堂。

羅馬書十二章 12 節；帖撒羅尼迦前書五章 8 節；

希伯來書六章 18-19 節

耶穌的叮嚀

讓我的愛滲入你全人的隱蔽處。不要向我關閉你自己的任何一處。我由內而外了解你，所以別嘗試向我展現「清潔溜溜」的自己。你為了遠離我的愛而掩上的傷口，會化膿生蛆。你向我「隱藏」的隱蔽罪孽，會細胞分裂發展出自己的生命，在你還未發現時就掌控了你。

將自己向我更新轉化的同在完全敞開吧。讓我燦爛的愛之光，找出並消滅隱藏的恐懼。這個過程需要與我獨處的時間，因我的愛要浸入你最深之處。享受我完全的愛，除去一切懼怕。

詩篇一三九篇 1-4、23-24 節；約翰一書四章 18 節

7 月 29 日

不斷來到我這兒吧。我本應是你意識的中心，是你靈魂的錨。你的心會飄蕩離開我，但問題是你會任由它遊蕩多遠。錨若在短繩上，船就只能微微飄蕩一下，即被繩索拉回中心。同樣地，當你飄蕩離開我，我住在你心中的聖靈就會拉著你，即時敦促你回轉歸向我。當你愈來愈熟悉我的同在，你靈魂錨上的繩索就會縮短。你只飄蕩一小段，就會感受到內在的拉力，告訴你要回到我裡面真實的中心。

希伯來書六章 19 節；約翰一書二章 28 節；

馬太福音廿二章 37 節

236　　　　　　　　　　　　　　　　　　　　　　耶穌的叮嚀

以聖潔的妝飾敬拜我。我創造了美的事物來宣告我聖潔的存在。嬌艷的玫瑰、璀璨奪目的夕陽、海洋之美；這些全都在宣揚我在世上的同在。多數人不作他想就匆忙忽視了這些宣告。有些人利用美，尤其是女性的可愛特質，來銷售他們的產品。

敬畏自然之美的兒女何其珍貴，這使他們對我聖潔的同在敞開。甚至在你認識我之前，就已經用驚嘆回應了我的創造。這是個恩賜，也帶有責任。對世界宣告我榮耀的存在。我的榮光充滿全地！

詩篇廿九篇 2 節；以賽亞書六章 3 節

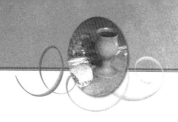

在你全人深處信靠我；我就是在那兒不斷與你溝通。當你感到慌亂煩躁，不要生自己的氣。你只是人，周圍一連串的事件有時會讓你無力招架。不要自責你的人性弱點，而要提醒自己；我既與你同在，也在你的心裡。

我始終與你同在，鼓勵你，支持你，我不定罪你。我知道在你內心深處，也就是我的居所，你會不斷經歷我的平安。有時你要放慢生活步調，在我的同在裡靜下心。然後你就能聽見，我將復活的祝福贈與你：願你平安。

歌羅西書一章 27 節；馬太福音廿八章 20 節；

約翰福音二十章 19 節

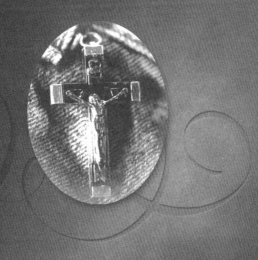

# 8月

信我的人就如經上所說：
「從他腹中要流出活水的江河來。」

約翰福音七章 38 節

## 8 月 1 日

斷沒有任何事能叫你與我的愛隔絕。讓
這屬天的保證淌流過你的頭腦，進入你的心與靈。
無論何時當你開始感到懼怕或焦慮，就要重複這無
條件的應許：「耶穌，斷沒有任何事能叫我與你的
愛隔絕。」

人類大多數悲劇都是肇因於感受自己不被愛。
在逆境中，世人常覺得愛被收回，自己被遺棄了。
這種被棄絕的感受通常比困境本身更糟。你要有把
握，我不會撇棄我任何一個孩子，一刻也不會。我
必不撇下你，也不丟棄你！我的同在會不斷看顧著你；
因我將你銘刻在我掌上。

＊

羅馬書八章 38-39 節；約書亞記一章 5 節；

以賽亞書四十九章 15-16 節

耶穌的叮嚀

8 月 2 日

　　向我奉獻你的時間，這是最寶貴的祭物。在這對行動上了癮的世界，我的孩子僅有少數人會分別時間安靜坐在我的同在裡。但對於那些靜默坐在我同在中的孩子們而言，祝福就像活水的江河一樣湧流。我，一切祝福的源頭，也因我們共處的時光感到喜悅。這是極深的奧祕；不要試圖去測度，而要在我裡面歡喜快樂來榮耀我。享受我，從現在到永遠！

詩篇廿一篇 6 節；約翰福音七章 38 節；

詩篇一〇三篇 11 節

# 8月3日

　　要孜孜不倦留心你說出的話語。話語擁有強大的力量，能夠祝福人或傷害人。當你說話浮躁或說負面的話，你既傷人也傷己。言語表達的能力是種令人敬畏的殊榮，只賜給依照我形像創造的人類。你需要靠我的幫助來負責任地行使這股強大的力量。

　　雖然這世界讚揚機智的反駁，我對溝通的指示卻相當不同：你要快快地聽，慢慢地說，慢慢地動怒。求我的聖靈在你說話的任何時候幫助你。我已訓練你拿起話筒回應之前，先禱告「聖靈，幫助我」，而你也看到這條訓誨的益處。你就將同樣的道理應用在與周圍的人溝通上。如果他們未出聲，你在和他們說話前就要先禱告。如果他們正在說話，你就先禱告再回應。這些都只是一瞬間的禱告，但這些禱告卻能讓你與我的同在保持連結。如此，你的話語就在我聖靈的掌管下。當正面的說話模式取代負面模式，你加增的喜樂會使你驚嘆。

箴言十二章 18 節；雅各書一章 19 節；以弗所書四章 29 節

　　　　　　　　　　　　耶穌的叮嚀

8月4日

　　牽我的手，與我喜樂同行度過今天。每天我們同心協力，就能品嘗喜悅與忍受艱難。要留心我為你預備的一切：一路上絕妙的風景、宜人的風、你疲憊時休憩的角落，以及更多更多。我是你的嚮導，也是隨侍在側的同伴。我知道你前方路上的每個腳步，以及一路到天國的行程。

　　你毋須在親近我與走正路之間做選擇。因為我就是道路，親近我就是走在真道上。當你投注思緒在我身上，我會細心引導你走今天的道路。不要擔心下個轉彎會有什麼。只要專心享受我的同在，與我同行。

約翰福音十四章6節；歌羅西書四章2節

在我祝福你時，你要靜默坐在我的同在裡。要讓你的心如止水，預備好領受我滴入的意念。當你想到今天的挑戰時，在我的充足供應中安歇。不要擔憂你能不能應付壓力而使自己精疲力竭。在我們一同走過今天時，要不斷仰望我與我交通。

找時間在路邊歇息一下，因為我並不匆忙。從容的步調會比匆忙的奮鬥成就更多。當你行色匆匆，就會忘記你是誰與你屬誰。要記得你是我國度中的尊榮貴族。

詩篇卅七篇 7 節；羅馬書八章 16-17 節；彼得前書二章 9 節

　　當一切好像都不順遂，你要停下來堅固對我的信任。冷靜地將這些事帶到我面前，然後將它們交託在我大能的手中。接下來，你只要做下一件事：透過感恩、信靠的禱告與我保持聯絡，安歇在我主權的統管之中。要在我裡面歡喜快樂，因你的救主神歡欣鼓舞！當你信靠我，我就使你的腳快如母鹿的蹄，使你能超越困難、苦難與責任，在高處行走邁進。

※

約伯記十三章 15 節；詩篇十八篇 33 節；

哈巴谷書三章 17-19 節

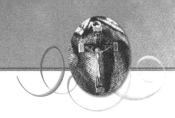

# 8 月 7 日

　　**聰明絕不會帶給你平安。**這就是為何我指示你要專心仰賴我，不可倚靠自己的聰明。人類貪婪渴望著想嘗試理解事物，想要自己掌控生活。但這世界帶給你無盡的難題，每當你解決一件事，又會有新的挑戰出現。你所預期的鬆口氣，只能短暫維持。你的頭腦很快又會啟動：尋求聰明（掌控情勢），而不是尋求我（你的主）。

　　即使是人類中最有智慧的所羅門，也無法尋見平安之道。他的聰明絕頂只產生了空虛徒勞，而不是心滿意足。最終，他迷失並聽從於妻妾的心意去崇拜偶像。

　　我的平安並非虛幻的目標，隱藏在某個複雜迷宮的中心。事實上，平安始終覆蔽著你，本來就存於我的同在中。當你仰望我，就能感受這寶貴的平安。

箴言三章 5-6 節；羅馬書五章 1 節；

帖撒羅尼迦後書三章 16 節

　　　　　　　　　　　耶穌的叮嚀

　　我從天國的最深處對你說話，你則從思想情感的深處聆聽我；深淵就與深淵響應。我賜福給你，使你能直接聽見我，絕不要將這殊榮視為理所當然。最好的回應就是充滿感恩的心。我正操練你培育感恩的心。這就像是把房子蓋在磐石上，生命的風暴也不能動搖你。在你學習這些道理時，你也會將它們教導與其他人。我會一次一步，在你前方為你開路。

詩篇四十二篇 7 節；詩篇九十五篇 1-2 節；
馬太福音七章 24-25 節

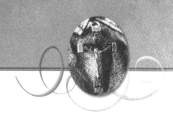

自在地穿上我公義的外袍吧，這是我為你量身訂做的袍子，從頭到腳覆蓋你。我為這層遮蓋付上的代價無限龐大；那是我自己的血。無論你多麼努力，也無法買到這尊貴的衣袍。有時你忘了我的公義是個禮物，因此你穿戴這君王的外袍覺得很不自在。當我看見你在這絨袍下侷促不安，彷彿它是件破爛麻衣時，我就難過地哭泣。

我要你專心仰賴我，好明白你在我國度裡的殊榮地位。放鬆繃緊的神經，穿上這華麗的榮美衣袍。在你練習穿著公義外袍行走時，你要定睛仰望我。當你的行為與我國度裡的舉止不符時，不要試圖扔掉你的皇家禮服。相反地，你卻要丟棄不義的行為。如此你就能自在地穿著這榮耀的外袍，享受我在創世之前就為你打造的恩賜。

以賽亞書六十一章 10 節；哥林多後書五章 21 節；

以弗所書四章 22-24 節

耶穌的叮嚀

在我醫治與聖潔的同在裡安歇。讓我透過我們獨處的時間來改變你。當你將思緒更多集中在我身上，信靠就會挪開恐懼與憂慮。你的頭腦有點像是翹翹板，當你對我的信任升高，恐懼與憂慮自然就下降。與我共處，不僅增加你對我的信任，也幫助你辨別哪些事重要，哪些不重要。

力氣與時間都是寶貴、有限的資源，你必須以智慧善用它們，專注在真正重要的事上。當你與我親密同行，用聖經浸潤你的心，我就會向你顯明如何善用時間與精力。我的話是你腳前的燈，我的同在是你路上的光。

以弗所書五章 15-16 節；詩篇一一九篇 105 節

來我這兒。來我這兒。來我這兒。這是我用神聖的呼喚宣告，不斷對你發出的邀請。當你的心靈與頭腦靜下來時，你就能聽見我邀請你靠近。你無須費力親近我；只要你別再抵抗我愛的吸力。對我愛的同在敞開心，如此我就能用我的完全充滿你。我要你經歷我對你的愛是何等長闊高深，並知道這愛是過於人所能測度的。你無法測度、無法解釋這愛的汪洋，但你卻可以經歷它。

啓示錄廿二章 17 節；約翰福音六章 37 節；

以弗所書三章 16-19 節

耶穌的叮嚀

當你軟弱疲乏，來我這兒吧。緊窩在永恆的膀臂中。我兒啊，我不輕看你的軟弱。事實上，這讓我更靠近你，因為軟弱激發我的憐憫，我渴望幫助你。接納自己的軟弱，明白我了解你的路途何其艱難。

不要拿自己與人比較，儘管那些人看似在生命路程上輕鬆躍進。他們的路途與你的不同，我賜給他們豐富的精力；我則賜給你軟弱，讓你的靈有機會在我的同在裡盛開。這份恩賜雖然纖弱，卻閃耀生輝；要領受它視如至寶。不要苦苦掙扎掩飾，或拒絕承認你的軟弱，而要由我透過它們大大祝福你。

以賽亞書四十二章 3 節；以賽亞書五十四章 10 節；

羅馬書八章 26 節

你要學習更加享受生活。放輕鬆，記得我是與你同在的神。我創造你擁有豐富的能力來認識我、享受我的同在。當我的子民愁眉苦臉，逆來順受墨守成規，我就感到生氣。當你用赤子之心度過這一天，品嚐每個祝福，你就是在宣告專心倚靠我；這位永在的牧人。你愈專心定睛我與你同在，你就愈能充分享受生命。當你以我為樂，就是在榮耀我。你也因而向這眾目睽睽的世界宣揚我的同在。

馬太福音一章 23 節；約翰福音十章 10-11 節

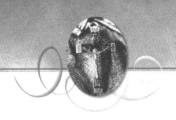

　　*我永遠是你的神。*我是阿拉法，我是俄梅戞，是昔在、今在、以後永在的全能者。你所居住的世界是不斷改變的地方，使你的心無法不受驚嚇而接受它。甚至你居住的肉體也在無情地改變，儘管現代科學一直想要無限延長青春與壽命。然而我，昨日、今日、一直到永遠，是一樣的。

　　因為我永不改變，你與我的感情是你生命穩固的磐石。我永不撇棄你。當你從今生走到下一個生命，我隨行的同在會閃耀在你的每個步伐。你沒什麼好懼怕，因為我始終與你同在，直到永永遠遠。

啟示錄一章 8 節；希伯來書十三章 8 節；

詩篇一〇二篇 25-27 節；詩篇四十八篇 14 節

我是永在的神，也是永活的神。你不僅要在早晨的靜默中尋求我，在一天之中也要不斷尋求我。不要讓意料之外的難題，使你分心遠離我的同在。相反地，與我討論每件事，信心滿滿地等著看我即將成就的工。

逆境不該打斷你與我的溝通。當事情「出錯」時，你往往表現得好像受到處罰一樣地回應我。不要有這種負面反應，要試著將困境看作是偽裝的祝福。當時時倚靠我，在我面前傾心吐意；因我是你的避難所。

詩篇五十五篇 17 節；詩篇卅二篇 6 節；詩篇六十二篇 8 節

在早晨的光華中與我相遇；我熱切地在此等候你。在這與我共處的神聖靜默時光中，我必使你重新得力，用平安浸潤充滿你。當其他人還在賴床或焦急地打開晨間新聞時，你卻正與宇宙創造主溝通。我喚醒了你心中想要認識我的強烈渴望。這份渴望源於我，如今卻在你心中燦爛燃燒著。

當你尋求我的面，回應我愛的呼喚，我倆都一同蒙福。這是極深的奧祕，是為了讓你享受它更甚於理解它而創造。我不是陰鬱掃興的神。我喜悅你享受一切真實的、可敬的、公義的、清潔的、可愛的、有美名的。這些事你都要思念，我在你心裡的光就會一天比一天更加明亮。

以賽亞書四十章 31 節；詩篇廿七篇 4 節；

腓立比書四章 8 節

在漩渦的中心尋找我。有時你周圍的事件騷亂旋轉的速度快到變成一團模糊。呼喚我的名，明白我與你同在。你毋須錯過手上的活動，只要禱告我的名，就能得著力量與平安。然後，等這些事情步上正軌時，你就能更深入與我討論。

接受每天發生的事。不要浪費時間、精力指望環境會有所不同。相反地，專心仰賴我，順服我的旨意與目標。記住，斷沒有任何事能將你與我愛的同在隔絕：你是屬我的。

腓立比書二章 9-11 節；以賽亞書四十三章 1 節

要預期你在生命中會遭逢逆境，記得你活在一個墮落罪惡的世界。別再試圖找方法躲避困難。安逸生活最大的問題，就是掩蔽了你對我的需要。當你成為基督信徒，我就為你注入我的生命，使你有力量藉著倚靠我，活在超自然的境界中。

你很可能會近身面對一切不可能，會遇到完全無法處理的情勢。你不應該避免察覺自己的不足，因為這正是我要你身處的位置，這是你能在我榮耀與權能中與我相遇的最佳場所。當你看見難題大軍向你行軍而來，你要向我呼求！讓我為你爭戰。當你安歇在我全能的蔭下時，看著我為你動工吧。

啓示錄十九章 1 節；詩篇九十一篇 1 節

　　**我不斷呼喚你親近我**。我知道你對我長闊高深的需要。當你的思緒飄蕩遠離我時，我可以讀出它們裡面的空虛。我讓你的靈魂安歇，也要使你的身心安舒更新。當你在我裡面愈來愈滿足時，其餘的享受就不再重要。親密認識我，就像你的內在擁有一座私人的喜樂泉源，這道泉從我的施恩寶座自由地湧流，使你的喜樂不受環境影響。

　　在我的同在裡等候，與我保持聯絡，體察我賜給你的一切。如果你覺得有任何不足，就必須重新專注定睛在我；你必須在生活中「時時刻刻」信靠我。

　　詩篇一三一篇 2 節；詩篇廿一篇 6 節；詩篇卅七篇 7 節

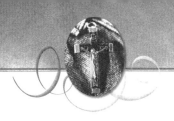

　　*我是醫治的神。*我醫治損傷的肉體、破碎的心、殘破的生命，與受損的感情。我的同在有醫治大能，你不可能與我親密同活卻得不著任何醫治。然而，你或許真的*沒有得著醫治*，那是因為你不求。無論你有沒有尋求，你都領受與我同在自然湧流的醫治。但那些尋求的人，他們會得到更多更多。

　　領受醫治的第一步，就是與我親密同活。這項操練的益處多不勝數。當你與我愈來愈親密，我就直接向你顯明我的旨意。當時機成熟，我就敦促你追求自己或他人破碎之處的醫治。醫治可能在瞬間迸發，也可能是個過程；這由我決定。你的責任就是專心仰賴我，為著開始修復而感謝我。

　　我很少會醫治一個人生命中的所有傷處。即使是我的使徒保羅，當他求我醫治他肉體上的刺時，我也告訴他：「*我的恩典夠你用。*」然而，對那些與我親密交織的信徒來說，我的醫治仍是豐富可得。*只要求，你就得著。*

詩篇一○三篇 3 節；雅各書四章 2 節；

哥林多後書十二章 7-9 節；馬太福音七章 7 節

　　與我一同等候片刻，我有好多話要對你說。你正走在我為你揀選的道路上，這是條既光榮也艱難的道路，你會經歷我榮耀的同在，向世人傳達真理。有時肩負這個任務，使你覺得自己好像很自以為是。

　　不要擔憂別人怎麼看你。我在你心中動的工，起初隱藏未顯，但最終會枝繁葉茂，結出豐盛的果實。與我同行生命道路，專心倚靠我，讓我的靈用喜樂與平安充滿你。

列王紀上八章 23 節；加拉太書五章 22-23 節

　　信靠我，不要懼怕！我要你將試煉看作是設計來鍛鍊你信靠肌肉的運動。你活在屬靈激戰的中心，而恐懼就是撒但最得力的武器。當你開始感到懼怕，就要堅固對我的信靠。如果環境允許，你還要大聲說出。務要抵擋魔鬼，魔鬼就必離開你逃跑了。在我神聖的同在裡重新得力。對我說唱讚美，我的臉面就會照亮你。

　　記得，如今那些屬我的就不定罪了。你已經永遠獲判無罪。倚靠我，不要懼怕！因為我是你的力量，是你的詩歌，也是你的拯救。

雅各書四章 7 節；羅馬書八章 1-2 節；

以賽亞書十二章 2 節

8 月 23 日

將你所愛的人託付給我；將他們交託在我的保守看顧中。他們與我在一起，比在你抓緊的手中更安全。如果你任由摯愛的人成為你心中的偶像，你會使他們遭受危險，也會使你自己遭受危險。切記！我對亞伯拉罕與以撒使用的極端方式。我將以撒帶到死亡邊緣，就是為了要將亞伯拉罕從兒女的崇拜中釋放出來。由於父親放任的情感，亞伯拉罕與以撒都深受其害。我憎恨偶像崇拜，即使它們以父母之愛的形式表現。

當你將所愛的人釋放交託給我，你就能自由地抓緊我的手。當你將所愛的人託付在我的關愛中，我就能自由地澆灌祝福給他們。我必親自和他們同去，使他們得安息。當你安歇倚靠我，我與他們同在，我也與你同在。且看我要成就的一切吧！

創世記廿二章 9-12 節；以弗所書三章 20 節；

出埃及記卅三章 14 節

耶穌的叮嚀

我在你的四圍，在你尋求我的面時，我也正盤旋在你上方。我比你放膽相信的還要靠近，比你所呼吸的空氣還要親密。惟願我的兒女認得我的同在，他們就永不再孤單。在你思考以先，我就已經知道你的意念；在你開口之前，我就知道你要說的每句話。你能不能明白，試圖對我隱藏是多麼荒誕呢？你可以輕易欺瞞別人，甚至是你自己；但我讀你，就像讀一本敞開、印著大字的書。

多數人在內心深處，多多少少都察覺到我迫近的同在。許多人逃離我並激烈否認我的存在，因為我的靠近嚇壞了他們。但是我自己的兒女則毋須懼怕什麼，因為我已經用我的血潔淨了他們，為他們披上公義的外袍。領受我親密的同在，這是祝福。既然我住在你裡面，讓我也透過你活出我的亮光，照亮黑暗。

詩篇一三九篇 1-4 節；以弗所書二章 13 節；

哥林多後書五章 21 節

　　*我是永恆的；我是自有永有的。*你在我的同在裡會經歷愛與光、平安與喜樂。我每時每刻親密與你同在，操練你時時刻刻察覺我。你的任務就是在這訓練的過程中與我同工。

　　我在你裡面建造了居所，我在你思想情感最深處；但你的頭腦多次驟然轉離神聖的中心。不要因為你無法一直定睛在我而驚恐，只要在你的心思意念飄蕩遠離時，溫柔地將它們轉向我。重新引導你心歸向我最快的方式，就是呼喚我的名。

出埃及記三章 14 節；哥林多前書三章 16 節；

詩篇廿五篇 14-15 節

在混亂的一天中信靠我。你內心的平靜；在我同在裡的平安，毋須被你身邊發生的事動搖。雖然你活在這暫時的世界，你最深的心靈情感卻植根於永恆，以永恆為基。當你開始感受到壓力，要讓自己離開周圍的煩擾。不要急切地努力維持秩序，掌控你狹小的世界。要放鬆，並記住環境也無法染指我的平安。

尋求我的面，我就會與你分享我的心意，開你的眼，從我的眼光看事情。你心裡不要憂愁，也不要膽怯。我的平安夠你用。

約翰福音十六章 33 節；詩篇一○五篇 4 節；
約翰福音十四章 27 節

　　分別時間與我獨處，單單享受有我作伴的喜悅。我可以點亮最沉悶的灰暗日子；我可以在日常生活的例行公式中燃起火花。你必須日復一日重複這麼多工作，這種千篇一律的生活方式會鈍化你的思考，使你的心不痛不癢。你的心思如果不專注，就會軟弱、屈從「世界、肉體與魔鬼」，這些都會使你的心思意念向下沉淪墮落。當你的思考過程退化，你就會益發困惑沒有方向。最好的解決之道，就是讓你的頭腦、心靈重新專注在我，因我是你永遠的陪伴。

　　當你按部就班與我同行，即使是你眼前最困惑的日子，也會雨過天青。無論你去哪裡，我都與你同在，成為你路上的光。

　　　　　　　　　　　　～

　　詩篇六十三篇 7-8 節；詩篇一一九篇 105 節

在我同在的光裡剛強起來吧。當我的臉光照你，你就領受養分，恩典加增。我創造你與我面對面親密合一，這種互動會強化你的靈魂。這樣的溝通會使你一瞥那等候你的天國，在那兒，你與我榮耀之間的隔閡都會消失。這段與我同行的默想時刻會加倍祝福你，你會在此時此刻就經歷我的同在，因著天國的盼望重新得力，在至高的喜樂中認識我。

⁓

詩篇四篇 6-8 節；啓示錄廿一章 23 節

安靜坐在我的同在裡，展現你對我的信任。將一切待辦事項暫擱一邊，拒絕擔心任何事。我們神聖的共處時光會堅固你，預備你面對今日的一切。當你開始一天的活動之前，與我一同等候，你就是在宣告我親密同在的真實。工作之前先等候；這項信心行動，會對靈界發出通知，你信靠的展現會削弱這幽暗世界的執政與掌權。

抵擋魔鬼最有果效的方法，就是親近我。當你必須採取行動時，我會透過聖靈與話語清楚指引你。這世界如此複雜、過度刺激，很容易使你失去方向。從事無數無意義的活動會消磨你的精力。當你分別時間與我獨處，我就會恢復你的方向感。當你仰望我尋求指引，我就使你事半功倍。

路加福音十二章 22-26 節；以弗所書六章 12 節；

箴言十六章 3 節

　　沒有一個荒無人煙的地方是你找不到我的。當夏甲從主母撒萊面前逃到曠野時，她以為自己是孤單、被遺棄的。但是夏甲在這荒煙蔓草中經歷了我。她在那兒稱我為「看顧我的永活真神」。透過與我相遇，她獲得了勇氣回到主母身邊。

　　沒有任何環境能使你與我愛的同在隔絕。我不僅時時看顧你；我也看你為蒙贖的聖徒，閃耀我公義的榮光。這就是為何我因你歡欣喜樂，且因你喜樂而歡呼！

創世記十六章 7-14 節；詩篇一三九篇 7-10 節；

西番雅書三章 17 節

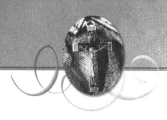

**在你的軟弱上剛強起來。**我的兒女中,有些我加給他們豐富的力量,有些人,例如你,則領受軟弱的謙卑恩賜。你的脆弱並不是懲罰,也並非表示沒有信心。相反地,像你一樣軟弱的人必須靠信心而活,倚靠我度過今天。我正培養你信任我、倚靠我的能力,而不是仰仗自己聰明的能力。你的天性偏好自己計畫日子,想知道在何時會有什麼事情發生。我則喜愛你不斷倚靠我,信任我按你所需引導你,給你力量。這也就是你在軟弱上顯得剛強的原因。

雅各書四章 13-15 節;箴言三章 5 節;

以賽亞書四十章 28-31 節

# 9月

我是世界的光。跟從我的，
就不在黑暗裡走，必要得著生命的光。

約翰福音八章 12 節

# 9 月 1 日

　　用你全部的心意情感尋求我。我渴望被你尋見，我也為著這目的安排你生活中的事件。當你諸事順利蒙受祝福時，你可以感受到我在對你微笑。當你在生命旅途中遇到難關時，也要相信我的光仍照亮著你。你也許還無法明白我允許這些逆境發生的理由，但我堅定地保證我永遠與你同在。在順境中尋求我，在逆境中也尋求我；你將發現我始終看顧著你。

❧

申命記四章 29 節；希伯來書十章 23 節；詩篇一四五篇 20 節

　　　　　　　　　　　　　　　　耶穌的叮嚀

倚靠我生活是一場榮耀的冒險。多數人匆忙疾跑，試圖靠自己的本事與能力成就事情。有些人獲得巨大的成功；有些人悲慘地落敗。但兩者都錯過了生命的真諦：與我同活、與我同工。

當你不斷倚靠我，你的整個看法都會改變。你會看見到處都有神蹟奇事發生，而他人只看見自然的因果與「巧合」。你以喜樂的期待開始每一天，等著見識我要成就的事。你將軟弱視如我的恩賜，明白我的能力最是在人的軟弱上顯得完全。你讓自己的計畫等候，因為你知道我的計畫更遠大。你的生活、動作、存留，都在乎我，渴望我活在你裡面。我在你裡面，你也在我裡面；這就是我賦予你的親密探險。

哥林多後書十二章 9-10 節；使徒行傳十七章 28 節；

歌羅西書二章 6-7 節；約翰福音十四章 20 節

讓我同在的甘露消除你心靈的疲累。在這要求即時溝通的複雜世界，多不可數的事情激烈爭奪著你的注意力。在我起初下令你們要休息，要知道我是神時，這世界就已經劇烈改變。然而，這永恆的真理對你的靈魂健康卻至關重要。就如甘露在夜間的靜默中滋潤花草，當你與我一同安靜坐下，我的同在也使你恢復生機。

更新、甦活的心智頭腦能夠分辨哪些事情重要，哪些不重要。在自然的情況下，你的心智很容易會卡在瑣碎的事情上。就像汽車的轉輪卡在泥沼裡一樣，當你專注在瑣碎的事情上，你腦中的齒輪也只能無力地轉動。一旦你開始與我溝通事情，你的心思就會受到牽引移往更重要的事情。要不斷與我交通，我會將我的意念放入你的頭腦裡。

詩篇四十六篇 10 節；路加福音十章 39-42 節；

哥林多前書十四章 33 節

耶穌的叮嚀

**9** 月 **4** 日

　　*當你親近我，你就安全。*在我同在的親密中，你就重新得力。無論你身在世界的何處，當你察覺我的同在，你就找到歸屬。自從世界墮落之後，人就經歷黑洞般的空虛，惟有我的同在能填補。我創造你，使你追求與造物主的親密交通。在魔鬼欺騙亞當與夏娃之前，我多麼享受與他們在伊甸園中散步！

　　當你在心中的花園裡與我親密合一，你我都因此蒙福。這是我活在這世上的方式；透過你而活！同心協力，我們就能驅趕黑暗，因為我是世界的光。

詩篇卅二篇 7 節；創世記三章 8-9 節；約翰福音八章 12 節

我是你最好的朋友，也是你的君王。與我牽手走過人生，同心協力，我們就能面對生活中一切的快樂、困苦、歷險與失望。當你與我一同分享，就絕不會有任何徒勞。我賜華冠代替夢碎的灰塵，在悲哀中興起喜樂，逆境中帶來平安。惟有身為萬王之王的朋友，才能成就這神聖的計畫。無人能像我！

我給你的友誼實在而誠懇，且充滿天上的榮光。活在我的同在裡，意謂同時活在兩個領域裡：眼可見的世界與眼所不見的永恆。我已裝備你，在行走佈滿塵埃的世俗中，時時察覺我。

約翰福音十五章 13-15 節；以賽亞書六十一章 3 節；

哥林多後書六章 10 節

在一切事情上倚靠我。想要脫離我獨立行事，乃是源於驕傲的根。自給自足是微妙的，它會在你還沒發現之前，就迂迴地潛入你的思想與行動中。然而離了我，你就不能做什麼，這也就是說，你們無法成就永恆的價值。我對你最深的渴望，就是你在任何環境中都學習倚靠我。我動天撼地為要成就這個目的，但是你也必須在這操練的過程中與我同工。若我取消你的自由意志，或用我的能力壓制你，那麼我教導你的過程就會簡單許多。然而，我太愛你；而不願撤回我依照自己形像創造你、並賦予你擁有的神聖殊榮。要藉著倚靠我，智慧地運用你的自由。如此你就能享受我的同在與平安。

約翰福音十五章 5 節；以弗所書六章 10 節；

創世記一章 26-27 節

享受我同在的溫暖光照你。感受你的臉沐浴在我愛之光中微微顫動。我喜悅你的程度遠超過你的想像。我始終讚許你，因為我看見你披掛我的光，穿戴我的公義。那些在我裡面的就不定罪了！這就是為什麼我恨惡基督徒彼此以罪疚感驅使對方。

有些牧師試圖用講道激發罪惡感，鞭策人行動。這個過程能促使許多人更努力，但結果並無法使手段合理化。激發罪疚感的信息，可能會減弱信徒心中恩典的根基。當信徒更努力時，牧師可能會覺得很有成就感，但我看的是人的內心。當我看見恩典被腐蝕，焦慮工作的雜草滋生時，我就感到傷痛。我要你安歇察覺我完全的愛；賜生命聖靈的律已釋放了你，使你脫離罪和死的律了。

以賽亞書六十一章 10 節；羅馬書八章 1-2 節

耶穌的叮嚀

接受每一天的全部。我不僅指環境，也包括你的身體狀況。你的責任就是完全信靠我，在我的主權與信實中安歇。

有些日子，你覺得環境與身體狀況都失衡了，你實在力不從心。那些時候你有兩種選擇：放棄一切、或仰望我。即使你錯誤選擇前者，我也不會拒絕你。你可以在任何時候轉向我，我就幫助你爬出灰心喪志的泥沼。我會不斷為你注入力量，給你一切所需。信任我，倚靠我大能的同在。

詩篇四十二篇 5 節；哥林多後書十三章 4 節；
耶利米書卅一章 25 節

與我一同走信靠之路。你生命中兩地之間最直接的距離，就是堅定信靠我。當你的信心動搖，你就在選擇一條蜿蜒偏離的路徑。你最終還是會到達目的地，但你會失去寶貴的光陰與精力。只要你發現自己遊蕩偏離了信靠之路，就要仰望我並呼喚：「耶穌，我信靠祢。」如此堅定的宣告會幫助你回到正路上。

你在懷疑不信的道路上遊蕩愈遠，你就愈難記得我與你同在。焦慮的思緒往各方向分岔，使你愈來愈無法察覺我的同在。你必須時常開口宣告對我的信靠。這個簡單的信心動作會保守你與我一同走筆直的道路。在你一切所行的事上都要認定我，我必修直你的路。

以賽亞書廿六章 4 節；詩篇九篇 10 節；

詩篇廿五篇 4-5 節；箴言三章 5-6 節

　　**我始終在你身邊。**當你信靠我是你的救主，我就絕不會遠離你。有時你可能覺得自己離我好遠，要認清這只是你的感覺，不要誤以為這是真實。聖經充滿我常與你同在的應許。就像當雅各離鄉前往未知之地，我對他承諾你無論往哪裡去，我必保佑你。我對跟從我的人應許在聖經最後的記載是：**我常與你們同在，直到世界的末了。**就讓我堅定應允的同在使你充滿喜樂與平安。無論今生你可能失去什麼，你永遠也不會失去我們之間的愛。

以賽亞書五十四章 10 節；創世記廿八章 15 節；

馬太福音廿八章 20 節

要倚靠我常喜樂！無論發生什麼事，你都可以在我們的愛中喜樂。如此隨事隨在，你都得了滿足的祕訣。有好多人夢想自己快樂起來的那天：當他們脫離債務，當他們的孩子不再惹麻煩，當他們有更多空閒時間等等。就在他們作著白日夢之時，光陰一點一滴流逝，就如珍貴的香膏因為瓶子翻覆，灑出來白白浪費一樣。

幻想未來的快樂絕不會帶來滿足，因為幻想並非真實。即使你看不見我，我卻比你眼所見的周遭世界都要實在。我的真實是永恆不改變的。將你的時間帶到我這兒，我會用活潑的喜樂充滿它們。現在就是在我同在裡喜樂的時候！

腓立比書四章 4、12 節；詩篇一○二篇 27 節

耶穌的叮嚀

**領受我的平安**。這是我不斷賜予你的禮物。領受這份禮物最好的方式就是靜坐在我的同在裡，在你生命的每個領域信靠我。平靜與信靠所成就的遠比你想像的更多；不僅在你身上成就，也在天地之間成就。當你在特定領域信靠我，你就是將該問題或人物放手交託給我看顧。

與我獨處可能是個困難的操練，因為這違反這世代汲汲營營的癮頭。你看來好像什麼也沒做，但其實你正參與一場屬靈的爭戰。你正在戰鬥；你爭戰的兵器本不是屬血氣的，乃是在神面前有能力，可以攻破堅固的營壘。與我親密生活是對抗魔鬼的必要防衛。

約翰福音十四章 27 節；以賽亞書三十章 15 節；

哥林多後書十章 4 節

來我這兒得安息。讓你的心脫離習慣性的
論斷休息一下。你論斷這個環境、那番情勢、這人、
那人，論斷你自己，甚至論斷天氣，彷彿論斷就是
你在生活中的主要功能。但我創造你的首要目的，
是要你認識我，與我密切交通。當你內心不停充滿
論斷，你就是在篡奪我的角色。

你要如同受造物之於造物主，羊之於牧人，子
民之於君王，泥之於窯匠一樣與我連結。讓我在你
生命中行出我的旨意。不要評斷我給你的道路，而
要心懷感恩領受。我給你親密的感情，並不是在邀
請你表現與我同等。要視我為萬王之王來敬拜我，
同時與我手牽手走生命的道路。

馬太福音七章 1 節；約翰福音十七章 3 節；

羅馬書九章 20-21 節；提摩太前書六章 15 節

　　與我親密生活就是敬拜我。這是我創造人類的原創設計，我將生命氣息吹入他裡面。在你走生命的道路時親近我，這是我對你的渴望。每一天都是旅途上重要的一部分。雖然你可能覺得自己在這世界毫無進展，但你的屬靈之路可就完全不同，它帶領你走過陡峭、危險的路段。這就是為何行在我同在的光裡，是使你免於跌倒的至要關鍵。當你與我保持親近，你就是將自己獻上當作活祭。即使是最乏味的日常例行公事，也能成為靈裡的敬拜，是聖潔的，是我所喜悅的。

創世記二章 7 節；詩篇八十九篇 15 節；

羅馬書十二章 1-2 節

我兒，在我裡面安歇吧。這獻給我的一刻應當是平安而沒有壓力的。你毋須為了領受我的愛而力求表現。我有無限多而且無條件的愛給你。我多麼傷痛，因為我看見孩子們為了獲取愛而努力；一再地努力，卻永遠覺得自己不夠好、不配得著愛。

小心不要使你對我的奉獻變成另一種工作。我要你喜樂自信地進入我的同在。你沒什麼好懼怕，因為你穿戴了我的公義。凝視我的雙眼，你將會看見裡面毫無定罪，在我看你時，我只感到愛與喜悅。我的臉光照你，賜恩給你，賜你平安。

約翰福音十五章 13 節；西番雅書三章 17 節；

民數記六章 25-26 節

## 9 月 16 日

　　我創造你與我合一生活。這種合一並不否定你的真我；事實上更能讓你活出真我。當你試圖脫離我而獨自生活，你就會經歷空虛與不滿。你可以賺得全世界，卻賠上真正寶貴的一切。

　　當你與我親密同活，順服我對你的旨意，你就能找到滿足。雖然我可能帶你走陌生的路，但你要相信我知道自己正在做什麼。如果你全心跟從我，你會發現自己從前隱藏的一面。我親密認識你，遠勝過你認識自己。當你與我合一，你就得以完全。當你與我親密同行，你就愈來愈轉變成我創造你的樣式。

〰️

馬可福音八章 36 節；詩篇一三九篇 13-16 節；

哥林多後書三章 17-18 節

你無法藉著過度計畫、試圖掌控未來可能發生的事，而找到我的平安。這是「懷疑不信」顯現出來的形式。當你的頭腦運轉著許多計畫時，平安似乎垂手可得，卻又始終向你閃身而逃。正當你以為自己已為所有可能性做好準備時，意料之外的事又蹦出來，將事情拋向一團混亂。

我並未設計人類的頭腦能籌算未來；這已超出你的能力範圍。我打造你的心智，需要不斷與我交通。將你一切的需要、盼望與懼怕帶到我這兒。將一切都完全投入我的看顧之中；你要從籌畫的道路，轉向平安的道路上。

彼得前書五章 6-7 節；箴言十六章 9 節；詩篇卅七篇 5 節

竭力討我喜悅，勝過追求一切。今天就讓這個目標成為你的焦點，這樣的心態將會保守你不再白費力氣。我給予你的自由意志伴隨著艱鉅的責任，讓你每天都要不停地做出一個又一個選擇。許多你忽略的決定，都是出自你的默認慣常模式。若沒有中心焦點引導你，你可能很容易迷路。這就是為何與我保持溝通，心懷感恩察覺我的同在是如此重要。

你住在一個墮落破碎的世界，一切都在不斷分崩離析。惟有與我保持活潑的關係，才能保守你不致瓦解崩潰。

馬太福音六章 33 節；約翰福音八章 29 節；

歌羅西書三章 23-24 節

有一場激戰正在進行，要爭奪你心智的主控權。天國與塵世交錯在你的心智裡；兩邊都在拉扯影響你的思考。我創造你給你預先經歷天堂的能力。當你把世界關在門外並定睛我的同在，你就能享受與我一同坐在天上。這是何等奇妙的殊榮，只保留給屬我與尋求我面的寶貴子民。你最偉大的力量在於渴望分別時間與我交通。當你專心仰望我，我的聖靈就使你的心充滿生命與平安。

這世界一直要將你的心思意念拖向沉淪。媒體用貪婪、飢渴與譏諷來轟炸你。當你面對這些事情，要禱告祈求保守與明辨的洞察力。無論何時當你走過這世界的廢墟，要不斷與我保持溝通。拒絕憂慮，因為這種形式的屬世心態會壓垮你，且會攔阻你體察我的同在。保持儆醒，看清對抗心智的戰爭，並期待天國裡為你預備、無憂的永生。

以弗所書二章 6 節；詩篇廿七篇 8 節；

羅馬書八章 6 節；約翰一書二章 15-17 節

耶穌的叮嚀

試著更常從我的眼光看事情。讓我同在的光全然充滿你的頭腦、心智，使你透過我看待這世界。當小事情不順你的意，要愉悅地仰望我，並說：「沒關係。」這項簡單的操練，能保守你不被累積的瑣碎煩憂與沮喪壓垮。如果你勤勉操練，你會獲得改變生命的啟示。你會發現多數纏擾你的事，其實都不重要。如果你馬上雙肩一聳甩開它們，將焦點回轉向我，你生活的腳步就會更輕省，心情也會更喜樂。當嚴重的難題臨到，你就有更多力氣處理它們。你不會浪費力氣在小問題上，你甚至可以到達一番境界；同意使徒保羅的看法，明白這一切至暫至輕的苦楚，都是要為你成就極重無比、永遠的榮耀。

箴言二十章 24 節；哥林多後書四章 17-18 節

**在我同在中靜候，**我的意念正靜默地在你的思想情感中形成。不要急著貪快完成這個過程，因為匆忙會使你的心停留在屬世裡。我是整個宇宙的創造主，但我卻選擇在你心中築起小小的家。在那兒你才會親密認識我；在那兒我對你呢喃天上的話語。求我的聖靈使你的頭腦靜下來，好叫你在心中聽見我靜默微小的聲音。我不斷對你說話：生命、平安、與愛之語。將你的心調頻領受這些豐盛祝福的信息。**向我陳明你的心意，**並在期待中等候。

列王紀上十九章 12 節；詩篇五篇 3 節

　　**信靠我，拒絕憂慮**，因為我是你的力量，你的詩歌。今晨你覺得心情不穩，眼看著困難將至，並用自己的力量衡量它們。然而，它們並非今天的工作，甚至也不是明天的。把它們留在往後，現在就回家，你會發現我正在家裡等候著你。既然我是你的力量，我就能給你能力處理每個任務。因為我是你的詩歌，當你與我同工，我就能給你喜樂。

　　要不斷將你的心智帶回到當下。在我所有的受造物中，惟有人類能期盼未來。這能力是個祝福，但若濫用，就成了咒詛。如果你用偉大的心智來憂慮明天，你就是在披戴懷疑不信。然而，當天國的盼望充滿你的心思，我同在的光就會包覆你。雖然天國是將來的事，它卻也是現在式。當你與我同行在光中，你就已經一腳踏在地上，一腳踏在天國裡。

出埃及記十五章 2 節；哥林多後書十章 5 節；

希伯來書十章 23 節

與我一同經歷饒恕的自由。我們一起行走的道路有時陡峭光滑。如果你背負罪疚的重擔,就更容易跌倒滑落。應你所求,我會移去你的重擔,將它們埋在十字架底處。當我挪去你的重擔,你就**確鑿無疑地自由了!**抬頭挺胸站在我的同在裡,如此無人能將更多重擔放在你的背上。看著我的臉,感受我愛之光的溫暖照亮你。就是這無條件的愛釋放你脫離懼怕與罪愆。分別時間沐浴在我同在的光裡。當你前來更親密認識我,你就愈來愈自由。

詩篇六十八篇 19 節;約翰一書一章 7-9 節;
約翰一書四章 18 節

生活的優先要務就是要處在我的同在裡。逐漸地你會更加體察我，甚於感知你周圍的人與環境。這種察覺不會破壞你與別人的感情；相反地，這會增加你對人付出愛與鼓勵的能力。我的平安會佈滿在你的話語與舉止中。你活躍在世上，卻離世界有一步之遙。你不會輕易動搖，因為我四圍包覆的同在會緩衝難題的衝擊。

這是我擺在你前方的路。當你全心跟隨，你就會經歷豐盛的生命與平安。

詩篇八十九篇 15-16 節；詩篇十六篇 8 節；
彼得後書一章 2 節

竭盡你的心力來信靠我。就是透過信靠，你得以與我保持連結，感知我的同在。你生命旅程的每一步都可以成為信心的一步。信心的小小起步很簡單；你可以毫不費力輕鬆踏出。但偉大的信心步伐可就不同：跳躍半黑暗的裂口，未知的陡峭斷崖，費力行過死蔭的幽谷。這些英勇事蹟需要完全的專注，以及對我全心委身。

我的每個孩子都是氣質、天賦與人生經驗的獨特綜合體。對你而言的一小步，對另一個人而言可能是一大步，反之亦然。只有我知道你人生旅途每部分的難易程度。小心不要為了讓人留下好印象，就將一大步表現得好像一小步。不要論斷因懼怕一件對你而言小事一椿而遲疑的人。如果我的每個孩子都設法取悅我超乎一切，對他人論斷的懼怕，就如同想要給人好印象的意圖一樣都會消失。專注你前方的道路，與永不離棄你的獨一真神。

詩篇廿三篇 4 節；馬太福音七章 1-2 節；箴言廿九章 25 節

來我這兒聽！調頻到我的聲音，領受我最豐富的祝福。坐在你舒適的家中，驚嘆與宇宙創造主合一的奇妙。地上的君王想要使自己遙不可及；一般人幾乎不可能得到他的注意。甚至達官顯要也得歷經層層關卡與禮節，才能與皇室說上話。

雖然我是宇宙的君王，但我全然地平易近人。無論何時我都與你同在。斷沒有任何事能使你與我的同在隔絕！當我在十字架上呼喊：「成了！」時，殿裡的幔子從上到下裂為兩半。這開啟了你我面對面相遇的路，不再需要禮儀與祭司。我，萬王之王，是你永遠的同伴。

以賽亞書五十章 4 節；以賽亞書五十五章 2-3 節；
約翰福音十九章 30 節；馬太福音廿七章 50-51 節

在我永恆的懷中安歇。你的軟弱是能強烈感知我全能同在的機會。當你的能力使你失望，不要向內探究，哀悼自己沒有力量。仰望我與我充足的供應；在我充足預備要幫助你的燦爛豐富中歡喜快樂。

溫柔地度過今天，學習倚靠我，享受我的同在。為你的匱乏感謝我，因為那會在我們之間建立信任。如果你回顧到目前為止的旅程，就可以看見那些特別軟弱的日子，就是你最寶貴的時光。因為這些歲月的記憶，與我親密同在的金線密切交織在一起。

申命記卅三章 27 節：詩篇廿七篇 13-14 節

耶穌的叮嚀

## 9月28日

敞開你的頭腦與心靈，讓你整個心思情感完全領受我的愛。好多我的兒女蹣跚走過生命道路，匱乏渴求著愛，因為他們還未學會領受的藝術。「領受」本質上是信心的藝術，相信我以無限、永恆的愛愛著你。領受的藝術也是一種紀律：操練你的心智信靠我，帶著信心來親近我。

切記！魔鬼是說謊之人的父。要學習辨識牠攪擾你心思意念的欺騙。牠最喜愛的詭計，就是暗中破壞你在我無條件愛中的信心。要反擊這些謊言！不要照單全收！務要奉我的名抵擋魔鬼，魔鬼就必離開你們逃跑了。親近我，我的同在就會將你包覆在愛中。

以弗所書三章 16-19 節；希伯來書四章 14-16 節；
約翰福音八章 44 節；雅各書四章 7-8 節

我與你同在，在你四圍，用我金色的光
芒環繞你。我總是與你面對看著你，你沒有一絲
意念能逃過我的注意。因為我是無限的，我能愛你
彷彿宇宙中只有你我。

與我親密同行愛的步伐，但不要忽視我的威
嚴。我渴望成為你的密友，但我也是掌管你的主。
我創造你的頭腦，同時明白我是朋友也是君王。人
類心智是我創造的高峰，但卻極少人善用它達成原
創目的：認識我。我不斷透過我的靈、我的話語與
我的創造與你溝通。惟有人類能夠領受我，並回應
我的同在。你受造，實在奇妙可畏！

詩篇卅四篇 4-7 節；彼得後書一章 16-17 節；

約翰福音十七章 3 節；詩篇一三九篇 14 節

　　*我永遠與你同在，看顧著你。*這是你存在最重要的事實。我不受時間空間限制；我與你同在是個永恆的應許。你毋須懼怕未來，因為我已經在那兒。當你一躍進入永恆時，你會發現我正在天國等候你。你的未來在我手中；我一天又一天、一刻又一刻向你揭示一部分。所以，*不要為明天憂慮。*

　　我要你活出豐盛的年日，看見一切美好，行出一切良善。不要因為憂慮未來而分心，要將它們留給我！生命的每一天都是榮耀的恩賜，但鮮少人知道如何活在今日的界線內。他們將許多本可用來活出豐盛生命的力氣，在時間上越界浪費在為明天憂慮或為過去悔恨上。他們剩下的力氣只夠跛行度日，無法活出生命的完全。我正操練你聚焦在我當下的同在。從我的施恩寶座湧流著豐盛生命，而這就是領受之道。

---

馬太福音六章 34 節；約翰福音十章 10 節；雅各書四章 13-15 節

# 10 月

凡勞苦擔重擔的人可以到我這兒來，
我就使你們得安息。

馬太福音十一章 28 節

單單敬拜我。我是萬王之王、萬主之主;住在人不能靠近的光裡。我正看顧著你!我不僅盡心盡力照顧你,我也絕對有能力照顧你。我疲憊的孩子,在我裡面安歇,因為這就是一種敬拜。

雖然自我鞭策已經不再時興,但我許多的兒女都像賽馬一樣驅策自己。他們鞭笞自己採取行動,不管自己有多麼疲乏。他們忘了我掌管一切,我的道路高過他們的道路。在他們馬不停蹄的服事底下,可能會怨恨我是個嚴厲的工頭。他們對我的敬拜不冷不熱,因為我不再是他們起初的愛。

我的邀請永不改變:凡勞苦擔重擔的人可以到我這兒來,我就使你們得安息。在我的同在裡安歇,以此敬拜我。

提摩太前書六章 15-16 節;以賽亞書五十五章 8-9 節;

啓示錄二章 4 節;馬太福音十一章 28 節

耶穌的叮嚀

　　絕不要將我的親近視為理所當然。驚嘆我不斷與你同在的奇妙吧！世人中即使是最熱情的愛人，也無法時時與你同在，也沒有一個人能知道你心靈與頭腦的隱密。我知道你的一切就是你的頭髮，也都被數過了。你毋須努力向我證明自己。

　　許多人花上一生的時間，或一小筆財富尋求了解他們的人。然而對於那些呼求我名，敞開心接受我是救主的人，我隨時在你們身邊。這簡單的信心舉動，就是一段為期一生愛的故事之開端。我，你靈魂的愛，完全了解你，永遠愛著你。

路加福音十二章 7 節；約翰福音一章 12 節；羅馬書十章 13 節

當許多事情看似都出問題時，你要信靠我。當你覺得生活似乎失控時，你要感謝我。這些都是超自然的回應，能夠將你高舉超越環境。如果你在面對困難時順著自然反應，就可能會陷入負面的陷阱。即使是幾句小抱怨，也可能使你的眼界與心態蒙上灰暗，使你走向沉淪。當這種態度掌控你，你的嘴就會冒出更多更多的怨言。每句怨言都逐步推著你向下滑落。你愈往下，就愈沉淪；但你仍有可能踩煞車。只要你呼求我的名，無論你的感覺如何，都要在我裡面堅定信心。為著每件事稱謝我，雖然這看來違反自然，甚至有違理智；但你會逐漸開始上升，收復失土。

當你回到基準點，就能以謙卑的態度面對環境。如果這次你選擇超自然的回應；信靠並稱謝我，你將會經歷我不可測度的平安。

詩篇十三篇 5 節；以弗所書五章 20 節

耶穌的叮嚀

## 10 月 4 日

　　我是天地的創造主，是現在與將來永恆的主。雖然我的偉大非你能想像，我卻選擇住在你裡面，用我的同在充滿浸潤你。惟有在屬靈的領域裡，一位無限偉大的真神才能住在如此渺小的人之中。你要敬畏我內住你心，聖靈的大能與榮耀！

　　雖然聖靈是無限的，祂本就是你的保惠師。祂隨時都準備要幫助你；你所要做的就是祈求。當前方的道路看來輕省坦直，你可能會想要自己行走而不倚靠我；這也是你最容易跌倒的時候。在你踏出每一步時，都要求我的聖靈幫助你，切勿忽視你心中這榮耀的力量源頭。

約翰福音十四章 16-17 節；約翰福音十六章 7 節；

撒迦利亞書四章 6 節

記住喜樂不是取決於環境。世上有些境遇最令人欽羨、令人忌妒的人，卻是最悲慘的人。他們爬到事業頂端，卻驚訝地發現在那兒等著他們的只有空虛。真正的喜樂是活在我同在中的副產品。無論你在宮殿裡、在牢獄中，或任何地方，都能經歷我的同在。

不要因為生活中出現困難，就斷定這是沒有喜樂的一天。相反地，要專心與我保持溝通。許多爭相要你注意的難題都會自己解決。其他事情你則必須著手處理，但我會幫助你。如果你將與我親密生活視為優先要務，其次才是處理難題，你會發現，即使在最艱苦的日子，你也會找到喜樂。

哈巴谷書三章 17-19 節；歷代志上十六章 27 節

10月6日

　　甘心樂意跟隨我一切的帶領。全心跟隨我，喜樂的期待會加快你的步伐。雖然你不知道前方有什麼，我卻知道；這就足夠了！有些我最豐盛的祝福就近在咫尺：你雖看不見，卻非常真實。若要領受這些恩賜，你必須行事爲人憑著信心，不憑眼見。這不表示你對周遭事物視而不見，而是意謂著你將靈魂的牧者視爲至要，其次才是眼可見的世界。

　　有時我用手扶持你領你走高山。你爬得愈高，景色愈壯麗；你也愈敏銳感知自己離世界的塵囂愈來愈遠。這讓你得著自由去經歷我豐盛同在的真實喜樂。將你自己完全獻給這榮耀時刻，讓我的燦爛光華漫過你。最後我將帶領你下山，回到人群。當你再次與人互動時，就讓我的光繼續在你身上閃耀。

哥林多後書五章 7 節；詩篇九十六篇 6 節；

約翰福音八章 12 節；詩篇卅六篇 9 節

耶穌的叮嚀

為了聽見我的聲音，你必須將所有憂慮都卸到我的看顧中。將你一切的憂慮交託給我。這會為你開路使你毫無阻礙尋求我的面。讓我釋放你脫離藏在你內心深處的懼怕。靜坐在我的同在裡，容我的光充滿你，驅走你心中一切的黑暗。

領受每一天，記得我掌管你生命。在我所定的日子中高興歡喜，信靠我會豐富與你同在。不要後悔或懷恨事情的發展，凡事謝恩。信靠我，不要懼怕；感謝我，並在我的主權中安歇。

彼得前書五章 6-7 節；詩篇一一八篇 24 節；

帖撒羅尼迦前書五章 18 節

*我以永遠的愛愛你。*人類的頭腦無法理解我的堅貞。你的情感在各式各樣的環境中搖擺猶疑，常將自己變化無常的感覺投射在我身上。因此，你無法充分享受我無窮無盡的愛。

你的眼界必須超越環境的變動，來發現我充滿愛意地凝望著你。當你領受並回應我的愛，感知我的同在會使你得力。我從昨日、今日、一直到永遠，都是一樣的！讓我的愛不斷流入你。你對我的需要，就如同我對你的愛一樣不斷湧流。

耶利米書卅一章 3 節；出埃及記十五章 13 節；

希伯來書十三章 8 節

你已經跋涉了一長段上坡的路，幾乎精疲力竭。雖然有時你步履蹣跚，卻沒有鬆開我的手。我喜悅你想親近我的渴望。然而，有件事卻讓我生氣了，你竟然想要發怨言。你可以隨心所欲與我討論我們一路上的困難。我比任何人都了解這些折磨你的壓力與緊張。你可以安全地向我紓發，因為與我交談能夠緩和你的思緒，並幫助你從我的角度看事情。

對別人發怨言則不同。它開啟通往自憐與憤怒等死罪的大門。無論何時當你想要埋怨，就來我這兒對我紓發出來。當你對我敞開，我就會將我的意念放在你的頭腦中，將我的詩歌放在你的心靈裡。

耶利米書卅一章 25 節；腓立比書二章 14-15 節

信靠我，直到你不爭著去預測或控制事情，而是任由它們發生。放輕鬆，在我永恆之愛的光中讓自己重新得力。我的愛之光永不熄滅，但你卻毫不察覺我光明的同在。當你將自己投射進未來，預演你的行動與言語，你就是在倚靠自己，想要不靠我的幫助就成功。這是一種難以察覺的罪，普遍到不受注意。

另一種解決之道，就是活在當下；時時刻刻倚靠我。不要害怕自己的不足，卻要在我豐盛的供應中喜樂。即使是在你感到自己有能力解決事情的時候，也要訓練你的心智不斷尋求我的幫助。不要將生活二分為你能自己完成的部分，以及需要我幫助的部分。相反地，要學習在一切環境中倚靠我。這項操練將使你能夠更享受生活，更有自信地面對每一天。

詩篇卅七篇 3-6 節；腓立比書四章 19 節

耶穌的叮嚀

我是你一切盼望與渴望的高峰。我是阿拉法，我是俄梅戛(希臘字母首末二字)，是昔在、今在、以後永在的全能者。在你認識我以前，你就已經在許多方面痛苦地經歷你對我的渴求。你脆弱得暴露在周遭世界的邪惡中。但現在我的同在安全庇護著你，將你擁在我愛的膀臂中。我已高舉你出黑暗入奇妙光明。

雖然我將諸多喜樂帶入你的生活中，但它們沒有一樣是必要的。敞開心領受我的祝福。享受我良善的恩賜，但不要緊抓著它們。要將你的注意力轉向那賞賜一切良善的神，要安歇！明白你在我裡面就得以完全。我與你同在，這是你絕對需要的；也是你永遠不會失去的。

❦

詩篇六十二篇 5-8 節；啟示錄一章 8 節；

彼得前書二章 9 節；雅各書一章 17 節

　　小心，不要透過他人的眼光來看自己，因為這樣存在些危險。首先，你幾乎不可能辨別出別人心裡怎麼看你。不僅如此，他們對你的看法也是變化無常，取決於他的屬靈、情感與身體狀態。讓他人界定你的最大問題，就是那已經瀕臨偶像崇拜。你想要取悅他人的憂慮，減弱了你想取悅我（你的創造主）的渴望。

　　透過我的眼來看自己則真實多了。我對你的凝望穩固而堅定，不受罪的汙染。透過我的眼，你就能看見自己永遠是被深愛的。安歇在我愛的凝視中，你就會領受深深的平安。用心靈和誠實敬拜我，回應我愛的同在。

　　希伯來書十一章 6 節；約翰福音四章 23-24 節

分別時間在我的同在裡靜默。你愈覺得煩擾，愈需要這個與我合一的神聖空間。慢慢地深呼吸。當我的臉光照你，在我聖潔的同在裡安歇。如此你就能領受我一直給予你的平安。

想像一下，當我的兒女糾結在焦慮中，忽視我平安的恩賜，我是多麼痛苦。為了實現對你的祝福，我像罪犯般被處死。心懷感恩領受這份祝福；將它藏在你的心裡。我的平安是內在的珍寶，當你信靠我，它就會在你的內心增長。環境無法染指它。你要安靜，享受我同在的平安。

詩篇四十六篇 10 節；民數記六章 25-26 節

準備好奉我的名為我受苦。一切苦難在我的國度中都有意義。痛苦與困難都是展現你對我信任的機會。勇敢地忍耐你的景況,甚至為它們稱謝我,這是讚美的最高境界。這種感恩的祭敲響天國中喜樂的金鈴。同時在地上,你耐心的忍受也會激起一圈圈美善的漣漪。

當苦難臨到,要記得我掌管一切,能使萬事互相效力發出益處。不要嘗試逃避痛苦或難題。相反地,奉我的名領受困境,為著我的目的將它獻上。如此,你的苦難就有了意義,使你更親近我。因著你的信靠與感恩,喜樂就從困苦的灰燼中浮現出來。

雅各書一章 2-4 節;詩篇一○七篇 21-22 節

在你一步一步度過今天時，試著不斷體察我。我與你同在，這既是應許也是保護。在我高升至天國之前，我的最後一句話就是：我常與你們同在。這個應許是給一切跟隨我的人，沒有例外。

我同在的應許是強而有力的保護。當你行在人生旅途上，一路上有無數的陷阱。許多聲音競相搶奪你的注意，慫恿你順著它們。離真理道路幾步之遙，就是自憐與絕望的坑洞、驕傲與頑梗的高原。如果你的眼目離了我跟從別的方向，你就有致命危險。即使出於好意的朋友，若你任由他們篡奪我在你生命中的位置，他們也可能會使你迷失。持守生命道路的方法，就是定睛在我；察覺我的同在就是你最好的保護。

馬太福音廿八章 20 節；希伯來書十二章 1-2 節

**不斷仰望我；尋求幫助、安慰與陪伴。** 因為我始終在你身邊，最短瞬的一瞥就足以使你與我連結。當你向我尋求幫助，幫助就從我的同在自由湧流。當你明白自己無論在小事還是大事上都需要我，你的靈就會活潑有朝氣。

當你需要安慰，我深願將你擁在懷中。我使你不僅能感受安慰，也能成為安慰人的管道。如此你就有雙倍的福分，因為生命的渠道會吸收流經它的一切美善。

我恆久的陪伴是最重要的中心，是救恩的高峰。無論你在生命中失去什麼，沒有人能奪走這榮耀的恩賜。

詩篇卅四篇 4-6 節；詩篇一○五篇 4 節；

哥林多後書一章 3-4 節

　　焦慮的起源，是因為你不經由我而想像未來。因此抵擋憂慮最好的防衛就是與我溝通。當你將心思意念轉向我，就能更加正面思考。記得聆聽就跟說話一樣，都會讓你的思緒與我對話。

　　如果你必須思量一些將來的事，要遵照以下原則：

🌱 不要讓思緒流連在未來之中，因為當你飄蕩在那兒，焦慮會像藻類一樣地生長。

🌱 記住我恆久同在的應許。

　　操練這項心智實不容易，因為你已經習慣作你幻境中的神。然而，我現在到永遠始終與你同在的真實，會勝過你能想像的任何幻境。

路加福音十二章 22-26 節；以弗所書三章 20-21 節

　　温柔地度過今天，定睛仰望我。在你一路踏出信心步伐時，我會在你前方開路。有時你前方的路好像被封住了。如果你定睛在攔阻上或另尋他路，很可能就會偏離正軌。相反地，要定睛在我，我是領你走過生命旅程的大牧者。在你發現之前，「攔阻」就已經在你後面，你幾乎不會發現自己已經通過它。

　　這就是我國度裡的成功祕訣。雖然你不斷察覺周圍的世界，你還是能優先感知我。當你前方的路看來崎嶇不平，你可以信靠我帶領你走過崎嶇路。我的同在讓你能夠以信心面對每一天。

約翰福音十章 14-15 節；以賽亞書廿六章 7 節

卸下防衛來到我這兒，準備領受祝福並充滿我的同在。放輕鬆，感受一下對我全然敞開與表露真我的解脫。你沒什麼好隱藏，也沒什麼要表露，因為我已經了解你的一切。你永遠不會與別人有這樣的感情。分別時間品嚐它的豐盛，沐浴在我的光華中。

人類墮落最可怕的後果之一，就是人與自己及他人間精心打造的藩籬。世上的牆垣到處林立，甚至在我的肢體、在教會中也是如此。有時候，教會反而是人們最不能自由表露真我的地方。他們披著主日的外衣與笑容，因為虛假的團契而在離開教會時鬆了口氣。對付這種假造氣氛的最佳解藥，就是在教會中操練我的同在。讓「與我溝通、敬拜我、榮耀我」成為你的首要焦點，如此你就能帶著我的喜樂對他們微笑，用我的愛來愛他們。

約翰一書一章 5-7 節；出埃及記卅三章 14 節；

腓立比書四章 8-9 節

耶穌的叮嚀

我是永活的神，遠比你認識的任何一個活潑的人更有豐盛的生命。人體奇妙受造，但卻會被地心引力與不可避免的老化反應壓垮。即使是最頂尖的運動員，也無法數十年如一日維持健壯。持久的豐盛生命惟在我裡面才能找到。不要因你身體的軟弱而焦慮。相反地，將之視為我將力量灌注於你的序幕。

當你更完全與我產生共鳴，我的生命就日益與你交織在一起。雖然老化的過程持續進行，你的內心卻隨著年歲增長更加堅強。與我親密同活的人，培養了內在的活潑生命，使他們看來比實際年齡更年輕。當你與我同行在光中，就讓我的生命透過你閃耀發光吧。

詩篇一三九篇 14 節；歌羅西書一章 29 節；

約翰一書一章 7 節

若要不斷活在我的同在裡，你必須顯露並驅除你悖逆的性格。當有事情違背你的計畫或渴望，你常會怨恨這些干擾。要嘗試察覺每一絲恨意，無論它多麼細微。不要壓抑那些不愉快的感覺；相反地，讓它們浮到你能夠面對的表面。求我的靈使你更能體察那些憎恨感，坦然地將它們帶入我同在的光裡，好讓我能釋放你脫離它們。

化解悖逆的最終方法，就是伏在我對你的權柄下。你在理智上就能在我的主權下歡喜快樂，因為若無我的掌權，這世界會是多麼可怕的地方。但是當我的主權擾亂了你小小的控制領域，你常會流露憎恨。

對失落與盼望落空的最佳回應就是讚美；賞賜的是耶和華，收取的也是耶和華。耶和華的名是應當稱頌的。一切的美物：你的財產、家庭與朋友、你的時間、健康與才華，都是我的恩賜。不要覺得自己有權獲得這些祝福，要心懷感恩。準備好鬆開一切我要從你這兒拿取的，卻絕不要鬆開我的手！

詩篇一三九篇 23-24 節；彼得前書五章 6 節；約伯記一章 21 節

　　無論你的景況如何，你都可以在我的同在裡找到喜樂。有時候喜樂豐富地散布在你的人生道路上，在陽光下閃耀著。在那些時候，知足就跟呼吸與踏出下一步一樣簡單。有時日子憂鬱黯淡；你覺得一路上充滿無窮無盡的壓力，你眼所見盡是沉重灰暗的石塊，使你的腳疼痛不堪。然而，你仍可以獲得喜樂，只要你搜求它，如搜求隱藏的珍寶。

　　一開始就要記得我創造年日；這不是偶然。要記得無論你能否體察我的同在，我都在你身邊。接著，開始對我訴說你心中的一切，要因我全然了解你，並確切知道你的遭遇而歡欣。當你不斷與我溝通，你的心情就會逐漸亮起來。當你體察我奇妙的陪伴，即使在最灰暗的日子，也能注入喜樂。

詩篇廿一篇 6 節；箴言二章 4 節

當你將注意力轉向我時，感受一下我同在的光照亮你。敞開你的頭腦與心靈，領受我自天上讚許的微笑。讓我黃金般的愛洗淨你，浸潤你整個思想情感的深處。當你更多充滿我，你就經歷與我喜樂合一：我在你裡面，你在我裡面。你在我裡面的喜樂，與我在你裡面的喜樂交織在一起密不可分。在我的同在裡，我使你的靈充滿喜樂；在我右手中有永遠的福樂。

約翰福音十七章 20-23 節；詩篇十六篇 11 節

躺臥在平安的青草地上吧。無論何時都要盡可能學習放鬆，安歇在你牧者的同在中。現今電子化的時代，使我的兒女多數時間都被「綁著」，太緊張而無法在獨處時找到我。我在你的思想情感中植入了休息的需要。這世界已經變得多麼扭曲，人們竟然會為了滿足這基本的需要而感到罪疚！他們浪費了多少時間、精力，不斷勞碌，而不是分別時間來尋求我，找到他們生命的方向。

我已呼召你與我一同走在平安的路上。我要你為那些渴望活在我平安同在裡的人作開路先鋒。我是因你的軟弱，而非你的力量而揀選你，好突顯你對我的需要。要更深倚靠我，我會在你的道路上澆灌平安。

詩篇廿三篇 1-3 節；創世記二章 2-3 節；

路加福音一章 79 節

**我是與你同在的神，隨時隨地直到永遠。**不要因為你深知這個真理而因此麻木了它對你意識的影響。我恆久與你同在，能成為喜樂的無窮源頭，興起湧流豐盛生命的江河。讓你的心迴盪著我的名，我的名深具意義：耶穌；拯救的主，以馬內利；神與我們同在。即使在你最忙碌的時刻，仍要盡力不斷體察我的同在。跟我聊一切能使你開心、使你生氣與掛慮的事。這些每日小小的操練，一步接一步，都會使你在人生道路上與我保持親近。

馬太福音一章 21、23 節；使徒行傳二章 28 節

　　當你受傷時，來我這兒，我會安撫你的傷痛。當你喜樂時，來我這兒，我會分享你的喜樂，使它成倍加增。我是你在需要時的一切所需，你最深的渴望惟有我才能滿足。

　　這是個自助自救的時代。書店裡充斥著關於「己利優先」的書籍，讓自己成為一切的中心。這些方法的主要目標，就是自給自足與自信。然而，你已被呼召走「鮮少人走的路」：不斷倚靠我。真正的自信，來自於明白你在我的同在裡得以完全。你一切所需，在我裡面都能滿足。

約翰福音十五章 5 節；雅各書一章 4 節

　　當你更能體察我的同在，你會發現自己也愈容易辨識當行的路。這是與我親密生活的實用益處之一。不要納悶前方的路上會有什麼，或憂慮如果在什麼時候、發生什麼事、你應該怎麼做，而要專心與我保持溝通。當你真正到了抉擇點，我會向你顯明當行的方向。

　　許多人滿腦子都在想著未來的計畫與決定，甚至無法看見今日必須做出的選擇。他們毫不知情，做出慣性的回應，他們的生活在不知不覺中變得呆滯。他們好像夢遊一樣度日，不斷走著例行的老路。

　　我，宇宙的創造者，是你能想像最有創意的存在。我不會讓你在痕跡斑斑的路上打轉。相反地，我會帶領你走嶄新的探險之路，向你顯明你所不知的事。與我保持溝通，跟從我指引的同在。

詩篇卅二篇 8 節；創世記一章 1 節

不要期望在今生能有公平。人們會說出傷你的話，做出傷你的事，這些都不是你應得的。當有人錯待你，要試著將這視為在恩典中成長的機會。看看你能多快饒恕傷害你的人。不要憂慮如何去澄清真相；不要滿心想著別人的看法，而要定睛在我。最終，我對你的看法才是最重要的。

當你專心與我培養感情，要記得我以公義與聖潔為袍給你披上。我看見你盛裝穿戴這漂亮的衣袍，那是我用我的血買給你的。這同樣也不公平；因為這是白白的恩賜。當別人待你不公，要記得我給你的道路遠比公平更好。我的道路是平安與愛，因為所賜給你的聖靈將我的愛澆灌在你的心裡。

歌羅西書三章 13 節；以賽亞書六十一章 10 節；

以弗所書一章 7-8 節；羅馬書五章 5 節

　　在我的同在裡流連片刻吧。控制你想一股
腦兒投入一天活動的衝動，與我獨處來開啟這一
天，乃是成功的必要準備。傑出的運動員在鍛鍊肌
肉之前，會花時間預備自己的心看見前方的豐功偉
業。同樣地，你在我同在裡的靜默時光，也能預備
你面對前面的日子。當你行在道路上時，我已經安
排好你會遭遇的事件。如果你沒有為旅途做好準
備，就會疲倦灰心。因此在我幫助你做好行動的準
備時，與我一同放輕鬆吧。

以弗所書二章 10 節；希伯來書十二章 3 節

耶穌的叮嚀

我與你同在。我與你同在。我與你同在。天堂的鐘不斷鳴唱著「我與你同在」的應許,這聲音宏亮而堅定。有些人永遠聽不到這鐘聲,因為他們的頭腦被塵世束縛,他們的心對我封閉。還有些人一生只聽見一兩次,就在他們極罕見地超乎一切尋求我的時刻。我的渴望就是我的「羊」不斷聽見我的聲音,因為我是永恆的牧人。

靜默,是你學習聽我聲音的教室。初學者需要一個安靜的地方靜下心。當你在這項操練上進階時,就逐漸學會在你所到之處帶著這份靜默。當你踏回生命的主流群體中,要竭力聆聽那些榮耀的鐘聲:我與你同在。我與你同在。我與你同在。

耶利米書廿九章 12-13 節;約翰福音十章 14、27-28 節

　　**學習聆聽我**，即使是當你在聆聽別人的時候。當他們對你敞開心讓你細查時，你所站之地是聖地。你需要我聖靈的幫助使你能適切地回應。求聖靈透過你思考，透過你活著，透過你去愛。我的存在活在你裡面的聖靈之中。如果你捨棄聖靈的幫助，靠自己的力量去回應他人的需要，你給他們的只是杯水車薪。當聖靈賜你能力去聆聽與說話，我活水的江河就會透過你流向他人。在你聆聽別人的同時也聆聽我，成為我愛、喜樂與平安的管道。

出埃及記三章 5 節；哥林多前書六章 19 節；

約翰福音七章 38-39 節

# 11月

我的神必照他榮耀的豐富，在基督耶穌裡，
使你們一切所需用的都充足。

腓立比書四章 19 節

不要因為難以定睛在我，而灰心喪志。我知道你心之所向是不斷體察我的同在。這是你所設定，但今生卻從未完全達成的崇高目標。不要讓挫敗的感覺壓垮你。相反地，試著透過我的眼光來看自己。首先，我深深喜悅你想在生命中與我親密同行的渴望。每當你開始與我溝通，我就喜悅。此外，我也注意到自從你首次決心活在我同在裡，到現在的進步。

當你明白你的心智開始飄蕩遠離我，不要慌張或驚訝。你活在一個以不正當手段想要你分心的世界。每當你努力穿越大量使你分心的事物，想要與我溝通，你就得勝了。在這些小小的勝利中歡喜快樂，它們就會更加照亮你的歲月。

羅馬書八章 33-34 節；希伯來書四章 14-16 節

耶穌的叮嚀

在我同在的光中成長。你的軟弱不會推開我，反而吸引我的能力。我的能力始終準備好流入降服的心。不要因為你不斷需要幫助而定罪自己，反要帶著你的匱乏缺口來到我這兒，讓我的愛之光充滿你。

當事情不順，降服的心不會埋怨或悖逆。即使在艱困的時候，它也會鼓起勇氣稱謝我。讓自己降服於我的旨意，這是信靠的終極行動。因為得力在乎平靜安穩。

詩篇一一六篇 5-7 節；以弗所書五章 20 節；

以賽亞書三十章 15 節

　　每當有事阻撓你的計畫或願望，要使用它來提醒你與我溝通。這項操練有幾個益處。第一個益處很明顯：與我談天會祝福你並加深我們的感情。另一個益處就是失望無法拖累你，反而會轉化成有益的機會。這項轉變會移除逆境的螫刺，使你能夠在困境中喜樂。

　　開始在日常生活中，一切令你失望的小事上實踐這項操練。因為使你遠離我同在的，通常就是這些小挫折。當你將挫折重新建構為契機，就會發現你獲得的遠比你失去的更多。惟有在經過許多操練後，你才能正向接受重大挫折。達到保羅的境界是有可能的，他說：「我以認識我主基督耶穌為至寶。我為祂已經丟棄萬事，看作糞土。」

歌羅西書四章 2 節；腓立比書三章 7-8 節

與我一同平安度過這一天。你正納悶自己要如何面對今天對你的所有期待。你必須像其他人一樣橫越這一天：一次一步。不要在心中預演你要怎麼做這做那，而要使你的心智定睛在我身上，專心踏出下一步。你的日子愈艱難，你就愈能期待我給你更多的幫助。這是個操練的機會，因為我定意使你深深倚靠你的大牧人。考驗時刻會喚醒你，加強你領會自己需要我的幫助。

當你不知要怎麼做，就等候我開啟你前方的路。信靠我知道自己所行的事，預備好跟從我的帶領。我必賜力量給你；我必賜平安的福給你。

出埃及記卅三章 14 節；申命記卅三章 25 節；

希伯來書十三章 20-21 節；詩篇廿九篇 11 節

*11月5日*

　　你可以儘量依你選擇與我親密生活。我不會在我們之間設立藩籬；但我也不會拆除你所建立的障礙。人們常認為他們的環境會決定生活品質。因此他們傾力試圖控制環境。當諸事順利時，他們就快樂；當事情不如意時，他們就難過沮喪。他們鮮少質疑自己的環境與感覺之間的關聯。然而隨事隨在都能滿足，卻是可能的。

　　你要更竭力地信靠我並享受我的同在。不要讓你的幸福取決於環境，而要將你的喜樂連結於我寶貴的應許：

　　你無論往哪裡去，我必保佑你。

　　我必照我榮耀的豐富，使你一切所需用的都充足。

　　無論什麼事，都不能叫你與我的愛隔絕。

腓立比書四章 12 節；創世記廿八章 15 節；

腓立比書四章 19 節；羅馬書八章 38-39 節

**尋求我超乎一切。**在你度過今天的時候,一路上都會有許多抉擇點。一天中有多數是你必須立刻做出的小決定。你需要一些基本原則,以幫助自己做出好的選擇。許多人的決定是慣性反應與想要討好自己或別人的綜合體。這不是我給你的道路。要竭力在每件事上討我喜悅,而不單是重大事件。這惟有你與我親密合一生活才有可能做到。當我的同在成為你最深的喜樂,你會立即知道要怎麼做才能討我喜悅。你只須看我一眼,就能做出正確決定。你要更以我為樂,在一切事上尋求我的悅納。

約翰福音八章 29 節;希伯來書十一章 5-6 節;

詩篇卅七篇 4 節

以聖潔的妝飾敬拜我。一切真正的美善都反映出「我是誰」。我正在你身上成就我的工，我是在你的存在中創造美好的神聖藝術家。我的主要工作，就是清除碎片與雜亂，騰出空間讓我的靈完全掌管。與我同工一起努力，樂意放手我所拿走的一切。我知道你的需要，我也已應許供應你的一切需要，甚至豐盛有餘！

你的安全感不可倚靠在財產或事物上。我正訓練你單單倚靠我，在我的同在中找到滿足。你必須在豐富與匱乏中都能知足，接受我當下的旨意。別再緊抓不放或是意圖掌控，而是學習放手與領受。在一切事上信靠我，藉此培養樂意的心。

詩篇廿九篇 2 節；詩篇廿七篇 4 節

學習欣賞困苦的日子，要積極迎接一路上遇到的挑戰。當你與我一同跋涉穿越崎嶇道路，你若明白我們同心就能克服任何困難，你就會加添信心。這樣的理解包含三部分：你與我的關係、聖經中的應許，以及過往艱難時刻的成功經歷。

當你回顧生命，就會看見我是如何幫助你度過困苦的日子。如果你心想：「沒錯，但那時是那時，現在可又不一樣。」就要記得「我是誰」！雖然你與環境都可能劇烈改變，但我永不改變。這是你信心的基礎，因你的生活、動作、存留，都在乎我。

以賽亞書四十一章 10 節；詩篇一○二篇 27 節；

使徒行傳十七章 28 節

# 11月9日

　　**與我安靜坐下**，讓你所有懼怕與愁煩的泡泡浮上你的意識表面。在那兒，在我同在的光中，泡泡會破裂、消失。然而，有些恐懼會一再浮現，特別是對未來的恐懼。你常會在心中將自己投射到次日、下一週、下個月、明年或下一個十年；你看見自己在那些時候過得淒慘。你看見的是假象，因為我沒有在裡面。那些你想像出來的灰暗日子不會成真，因為我始終與你同在。

　　當關於未來的憂慮襲擊你，你要抓住它，用我滿滿的同在注入你心中的影像來解除它的武裝。要對自己說：「耶穌在彼時彼刻會與我同在。有了祂的幫助，我就能面對一切！」接著，回到此刻，你就能在當下享受我同在的平安。

路加福音十二章 22-26 節；申命記卅一章 6 節；

哥林多後書十章 5 節

## 11月10日

　　**全心全意定睛在我永活的同在裡。**我確實與你同在，將你覆蔽在我的愛與平安裡。當你安歇在我的同在裡，我就模塑你的頭腦，洗滌你的心靈。我重新創造你，成為我定意你成為的樣式。

　　當你從靜默邁向一天的活動，不要停止對我的專注。如果有事使你煩憂，與我一同商議。如果你厭倦了現在所做的，就用禱告與讚美填滿那段時間。當有人得罪你，不要讓你的思緒流連在他的過犯上。溫柔地敦促你的心智回到我身上。如果你定睛在我，每一刻都是寶貴的。任何日子都能成為美好的一天，因為時時刻刻都充滿我的同在。

詩篇八十九篇 15-16 節；約翰一書三章 19-20 節；

猶大書 24-25 節；詩篇四十一篇 12 節

別讓任何環境威嚇你。你的日子挑戰愈大，我也預備更多力量供你支配。你似乎以為我每天給你的力量都相等，實則不然。你的天性傾向衡量前方的困難，用自己一般的能力來作標準。這是不切實際的做法。

我知道你每天會遭遇的事，我也依此加添你力量。每天我給你多少力量，主要是基於兩種變數：環境的困難度，以及你樂意倚靠我幫助的意願。試著將挑戰的日子視為比平日領受我更多能力的機會。將你一切需要交託仰望我，見識我的作為。因為你的日子如何，你的力量也必如何。

以弗所書一章 18-20 節；詩篇一〇五篇 4 節；

申命記卅三章 25 節

這是你生命中的豐盛時節；你的福杯滿溢。在歷經幾個星期跋涉上坡之後，你現在正漫步於充滿陽光的茂盛青草地上。我要你充分享受這段輕鬆活力的時刻。我因為使你重新得力而歡欣喜悅。

有時我的兒女遲疑著；不敢用敞開的手領受我美好的恩賜。不當的罪疚感偷偷潛入，說他們不配得如此豐盛的祝福。這真是荒誕的想法，因為沒有人從我這配得任何東西。我的國度非關賺取與配得，而是「相信與領受」。

當我的孩子退縮不敢領受我的禮物，我心沉痛憂傷。當你帶著感恩的心領受我豐盛的祝福，我就歡喜快樂。我賞賜的喜悅與你領受的快樂，一同湧流成和諧交融的喜樂。

詩篇廿三篇 5 節；約翰福音三章 16 節；

路加福音十一章 9-10 節；羅馬書八章 32 節

我是在你裡面的基督，是榮耀的盼望。那走在你身邊、牽著你手的，就是活在你內心的同一位獨一真神。這是深奧無法測度的奧祕。你的每一絲存在都與我親密交織。我同在的光在你心中閃耀，也照亮在你身上。我在你裡面，你也在我裡面；因此，天地間斷沒有任何事物能將你與我隔絕！

當你安靜坐在我的同在裡，你就更能體察我內住在你心中的生命。這會產生靠耶和華而得的喜樂，成為你的力量。當你倚靠我，使人有盼望的神，就因信將諸般的喜樂、平安充滿你的心，使你藉著聖靈的能力大有盼望。

歌羅西書一章 27 節；以賽亞書四十二章 6 節；
尼希米記八章 10 節；羅馬書十五章 13 節

沐浴在我對你完全的了解與無條件之愛的享受裡。放膽用我的眼光看自己,在我的公義中容光煥發,被我的血潔淨。我視你為我的創造,那是你在天國成為你的家之時,你真正的樣式。是我內住在你心中的生命使你榮上加榮。要在這奧妙的神蹟裡歡喜快樂!不住地感謝我賜下聖靈內住你心中的奇妙恩賜。

在你度過生命的這一天時,嘗試倚靠聖靈的幫助。不時暫停一下,好讓你求教於內住你心中的聖靈。祂不會強迫你接受祂的召喚,但祂會在你將生活騰出空間給祂時引導你。與我的聖靈一同行這奇妙之路吧。

詩篇卅四篇 5 節;哥林多後書五章 21 節;

哥林多後書三章 18 節;加拉太書五章 25 節

要靈巧輕柔地處理問題。當你的頭腦朝向問題的區域，你會想密切專注在環境上，以至於你失焦看不見我。你讓自己與問題較量，彷彿自己必須立刻征服它。你的心智為了爭戰而加速運作，你的身體變得緊張焦慮。除非你完全得勝，否則你就感到挫敗。

但有更好的方法。當難題開始籠罩你心思時，就要將這件事帶到我這兒，與我討論，並以我的眼光來看問題。這會在你與你的憂慮之間，設下一些你亟需的空間，使你能從我的觀點看事情。你會對結果大吃一驚。有時，你甚至會因為自己對如此微不足道的事情這般嚴肅而發笑。

在世上，你們有苦難。但更重要的是，你始終有我與你同在，幫助你面對一切。要靈巧輕柔地處理問題，用我啟示的光來看待它們。

詩篇八十九篇 15 節；約翰福音十六章 33 節

耶穌的叮嚀

## 11月16日

當你注視著前面的日子，你看到的是條蜿蜒複雜的路，往各個方向分岔。你疑惑自己如何能找到路走出這團迷陣。然後你想起了常與你同在，攙著你右手的獨一真神。你想起了我會以訓言引導你的應許，於是你開始安心。當你再次看著前方道路，你注意到平安的霧已停留在前方，遮蓋了你的視野。你只能看見自己面前的幾條路，因此你將注意力更多轉向我；並開始享受我的同在。

這霧是對你的保護，呼召你回到當下，回到此時此刻。雖然我住在一切的時空之中，你卻只能在此時此刻與我溝通。有時你不再需要霧，因為你已經學會不斷定睛在我，以及你前方的路上。

詩篇七十三篇 23-24 節；哥林多前書十三章 12 節

*11* 月 *17* 日

　　在我裡面的人，不再定罪了。因為賜生命聖靈的律，在基督耶穌裡釋放了你，使你脫離罪和死的律了。沒有多少基督徒明白如何活在他們與生俱來的全新自由裡。我死是為了要你得自由；你要在我裡面活出自由！

　　若要走自由的道路，你必須將心智堅定地專注於我。許多聲音宣稱：「這是你該走的路。」但惟有我的聲音告訴你真理的道路。如果你跟從世界充滿光鮮亮麗的路，你會愈陷愈深掉入混沌中。基督徒的聲音同樣也可能令你迷失：「你要這麼做！」「不要那麼做！」「要這樣禱告！」「不要那樣禱告！」如果你聽從所有的聲音，你會更加困惑。

　　知足作隻單純的小羊，聽我的聲音跟從我。我會引你躺臥在青草地上，引導你走義路。

羅馬書八章 1-2 節；以賽亞書三十章 21 節；

約翰福音十章 27 節；詩篇廿三篇 1-3 節

　　*來我這兒，安歇在我的平安裡。*我的臉光照你，閃耀著出人意外的平安。不要嘗試靠自己釐清事情；你可以安歇在全知者的同在中。當你懷抱信心倚靠我，你就會感受到平安與完整。與我親密合一，這是我為你設計的生活方式。

　　當你與別人相處時，常會想要滿足他們的期望，無論這期望是真實還是想像的。你覺得自己身不由己要取悅他們，愈來愈無法體察我的同在。你不斷努力贏得人的讚許，最終使你精疲力竭。你給他們的是乾麵包屑，而不是我的靈透過你湧流的活水。這不是我給你的道路！與我保持聯絡，即使在你最忙碌的時候。當你活在我平安的光中，就讓我的聖靈賜你恩典的話語。

腓立比書四章 6-7 節；約翰福音七章 38 節；

以弗所書五章 18-20 節

將結果交給我。跟從我一切的帶領，不要憂慮會有什麼結果。想像你的生命是場冒險，我就是你的嚮導與同伴。活在當下，專心與我同行。當我們的路通往懸崖峭壁時，你要樂意靠著我的幫助向上爬。當我們來到安歇之處，花些時間在我的同在裡重新得力，享受與我親密生活的節奏。

你已經知道旅途的終極目標，就是進入天國。專心看著前方的路，結果就交給我吧。

詩篇廿七篇 13-14 節；出埃及記十五章 13 節

　　　　　　　　　　　　耶穌的叮嚀

孩子，我喜悅你。讓你自己完全體認我的喜悅光照你。你毋須為了贏得我的愛而力求表現；事實上，行為導向只會使你遠離我，偏向律法主義。這種著眼於自己有好的表現之行為，可能會變成一種不易察覺的偶像崇拜。當你的表現不符合你的期待時，這也可能成為內在沮喪的來源。

要將你的焦點從自我表現轉向我榮耀的同在。無論你有什麼感受或行為，我的愛之光總是不斷光照你，你的責任就是領受這無條件的愛。感恩與信靠是你的主要接收器。凡事稱謝我；時時倚靠我。這些簡單的操練，將會使你對我愛的同在保持敞開。

以弗所書二章 8-9 節；以弗所書三章 16-19 節；

詩篇六十二篇 8 節

一整天都要感謝我的同在與平安。這些都是超自然的福分恩賜。自從我死裡復活，我就以此信息安慰跟從我的人：願你們平安，我常與你們同在。當我賜你最大的平安與我的同在時，你要側耳傾聽。領受這榮耀恩賜的最佳方法，就是感謝我。

你永遠也不可能花太多時間過度感謝讚美我。我創造你的首要目的，就是榮耀我。感謝與讚美使你與我建立適切的關係，開啟道路使我的豐盛向你湧流。當你稱謝我的同在與平安，你就是在欣賞感謝我最豐盛的恩賜。

路加福音廿四章 36 節；馬太福音廿八章 20 節；

希伯來書十三章 15 節

*11* 月 *22* 日

感恩的心開啟天堂之窗。屬靈的祝福,會透過那些窗自由地灑向你,直到永遠。不僅如此,當你心懷感恩仰望,你就能透過那些窗一瞥榮耀。雖然你還沒住在天國,但你卻能預先體驗你最終的家園。這些天堂福分的展現甦醒了你的盼望。感恩的心使你敞開迎向這些經歷,並使你有更多理由來感恩。如此,你的道路就會盤旋上騰,喜悅也會不斷加增。

感恩不是某種神奇公式;這是愛的語言,使你能與我親密溝通。感恩的心毋須否認現實中仍有許多難題。相反地,感恩的心乃是在試煉與苦難中,因我而歡欣,因救你的神而喜樂。因我是你的避難所,是你的力量,是你在患難中隨時的幫助。

哈巴谷書三章 17-18 節;詩篇四十六篇 1 節

耶穌的叮嚀

## 11月23日

當你靜坐在我的同在裡，就讓我用感恩充滿你的頭腦與心靈。這是心懷感恩最直接的道路。如果你的心智需要焦點，那就凝望我在十字架上為你傾倒的愛。記得天地間無論是什麼，都不能叫你與我的愛隔絕。這記念會在你心中建立感恩的基石，即使環境也無法動搖。

當你度過這一天，要細心地尋找一路上的小小寶藏。我滿心愛意走在你前方，佈下小小的喜悅照亮你的日子。你要仔細尋寶，逐一採擷它們。當一天快結束時，你將會收集到美麗的花束，心懷感恩將它獻給我。在你躺臥入眠時，讓感恩的心如搖籃曲在你心中播送，領受我的平安。

羅馬書八章 38-39 節；詩篇四篇 7-8 節

11月24日

感謝會拿走逆境的刺痛。這就是為何我指示你要凡事謝恩。這項交換中有著奧祕的元素:你給我感謝(無論你的感覺如何),我就給你喜樂(無論你的環境如何)。這是屬靈上的順服,有時候,這甚至是盲目的順服。對尚未親密認識我的人來說,為著悲慘的困苦感謝我,似乎不理性也不可能。然而,即使困苦持續不斷,但那些如此順服我的人卻必然蒙福。

感恩,使你對我的同在敞開心靈,對我的意念敞開頭腦。你也許仍身處一樣的所在,身陷相同的光景,但這就好像一盞燈亮了,使你能看見我的視角。就是我同在的這道光,挪走困苦的刺痛。

以弗所書五章20節;詩篇一一八篇1節;

詩篇八十九篇15節

在你度過這一天時，你要經常感謝我。這項操練使你能不住地禱告，就像使徒保羅所教導的一樣。若你想認真學習持續禱告；最好的方式，就是在任何情況下都稱謝我。這些感恩的禱告會成為你建立其他禱告的堅固基石；不僅如此，感恩的心會使你更容易與我溝通。

當你的心充滿對我的感恩，你就沒有時間憂慮或發怨言。如果你不斷操練感恩，負面的思想模式就會逐漸轉弱。帶著感恩的心親近我，我的同在必將諸般的喜樂、平安充滿你的心。

帖撒羅尼迦前書五章 16-18 節；雅各書四章 8 節；

羅馬書十五章 13 節

耶穌的叮嚀

**這是我所定的日子！**當你在生命的今天歡喜快樂，這一天，就會成為你珍貴的禮物與有益的操練。與我同行感恩的崇高道路，你就會發現，我為你預備的一切喜樂。

為了保守感恩的心，你必須記得你居住在墮落的世界裡，在那兒祝福與悲痛不受控制地互相交織。不斷專注困境造成了許多基督徒的失敗。他們度過充滿美麗與光華的一天，卻只看見自己內心的灰暗。忽視獻上感恩的操練，使他們的心黯淡。那些記得時時感謝我的兒女是多麼可貴。他們心懷喜樂度過最黑暗的日子，因為他們知道我同在的光仍照著他們。**這是我所定的日子**，我們在其中要高興歡喜，因為我是你堅定不移的伴侶。

詩篇一一八篇 24 節；詩篇一一六篇 17 節

耶穌的叮嚀

## 11月27日

讓感恩掌管你的心。當你為著生命中的祝福稱謝我時,奇妙的事就會發生。這就好像你眼上有鱗掉下來,你就能看見我更多榮耀的豐盛。當你的眼被開啟,你就能幫助自己在我的寶庫中覓得一切所需。每當你領受我美好的恩賜,都要讓你心中的感恩歡唱讚美我的名。「哈利路亞」是天堂的語言,它也可以成為你心中的語言。

讚美與感恩的生活會成為充滿神蹟的生命。不要試圖掌控,而要定睛在我與我的作為上。你全神貫注定睛在我,這就是讚美的大能。這就是我為你創造的生活,因為我依照自己的形像造你。你的心要充滿讚美與感恩,享受豐盛的生命。

歌羅西書三章 15 節;使徒行傳九章 18 節;

啟示錄十九章 3-6 節;詩篇一○○篇 4-5 節

耶穌的叮嚀

安歇在我恆久不變之愛的應許中。讓你的身、心與靈在我的同在裡休息。將一切的憂慮卸給我,好讓你能全神貫注於我。讓我對你長闊高深的愛使你的心敬畏,那比你所知的任何一切都更廣闊、更長久、更高更深。這份奇妙的愛永遠屬於你,因此你要歡喜快樂!

對這榮耀恩賜的最佳回應,就是滿懷感恩的生活。每當你稱謝我,你就在承認我是你的主與供應者。帶著感恩的心領受這一切,這是神兒女應有的合宜態度。將感恩的祭獻給我,等著見識我會給你多少祝福。

彼得前書五章 7 節;以弗所書三章 16-19 節;

詩篇一〇七篇 21-22 節

讓我將平安注入你的最深處。當你靜坐在我同在的光裡，你就能感受平安在你內心滋長。這不是你靠自律與意志力就能成就的；你必須敞開自己領受我的祝福。

在這倡導獨立的時代，世人發現很難承認自己有所缺乏。然而，我已帶你同行一條道路，顯明你對我的需要：我將你放在一些情勢中，在那種情境下你的能力派不上用場，你的軟弱顯而易見。透過使你行在乾旱的曠野，我吸引你愈來愈親近我。你已發現了平安的花朵綻放在最荒涼不毛之地。你已學會為著困苦時刻與艱辛旅途感謝我，深信我會透過它們成就最完美的工。你已明白「需要我」是親密認識我的關鍵，也是超乎一切的賞賜。

以賽亞書五十八章 11 節；以賽亞書四十章 11 節

耶穌的叮嚀

困境是生命的一部分。它們交織在這墮落世界中，無可避免。你常會不自覺就準備好進入解決難題的模式，表現出好像有能力處理所有事情。這是慣性的反應，自動到它已經跳過你的意識思考。這個習慣不僅使你倍感挫折，也使你遠離了我。

不要讓處理事情成為你的優先要務。你的能力實在有限，無法糾正周圍世界的一切錯誤。不要用不屬於你的責任把自己壓垮，而要優先關注你我的關係。與我討論你心中的所有意念，尋求我對這番情勢的看法。不要試圖解決一切引起你注意的事物，而要求我向你顯明真正重要的是什麼。記得你正在通往天國，就讓你的難題消逝在永恆的光中吧。

詩篇卅二篇 8 節；路加福音十章 41-42 節；

腓立比書三章 20-21 節

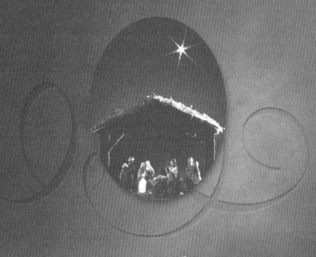

# 12月

因有一嬰孩為我們而生……
祂名稱為
「奇妙策士、全能的神、永在的父、和平的君。」

以賽亞書九章 6 節

## 12月1日

*我以永遠的愛愛你*，這愛湧流自永恆的深處。在你出生以前，我就已認識你。你要細細思量；這在你生前死後始終環繞你之愛的驚人奧祕。

現代人已經失去對永恆的視界。為了讓自己不在意死亡的終極威脅，他們埋首於永不停歇的活動與娛樂中。於我的同在裡操練靜默，幾乎已成了失傳的藝術，然而就是這般靜默，才能使你經歷我永恆的愛。你需要我向你保證我愛的同在，你才能經得起生命的風暴。在嚴酷的試煉中，若沒有伴隨你對我的親身經歷，甚至最完美的神學也無法幫助你。使你免於沉沒在生命風暴的終極保護，就是分別出時間來培養你我的情誼。

耶利米書卅一章 3 節；耶利米哀歌三章 22-26 節

我是和平君王。當我對我的門徒說話時,我也同樣在對你說:「願你平安。」既然我是你永恆的伴侶,我的平安就永不離開你。當你定睛在我,你就會經歷我的同在與平安。敬拜我為萬王之王、萬主之主、和平君王。

你時時刻刻都需要我的平安來成就我對你生命的目標。為了盡可能迅速達成目標,有時你會想抄捷徑。但如果抄捷徑要你轉身拒絕我平安的同在,你就必須選擇較長遠的道路。與我同行平安之路;享受與我同在的旅程吧。

以賽亞書九章 6 節;約翰福音二十章 19-21 節;

詩篇廿五篇 4 節

不要因為你的心智受到猛烈攻擊而訝異。當你掙扎著尋求我並活在我同在裡時，不要讓灰心喪膽進入你的心。在屬靈上，你正置身一場大規模的戰事中。惡者恨惡你與我親近，牠兇惡的爪牙也決心要毀掉我們的親密情感。當你發現自己身在戰火中，要求告我的名：「耶穌，幫助我！」在這瞬間，這場爭戰就成為我的爭戰；你的職分就只要在我為你爭戰時信靠我。

我的名，若經正確使用，就有無限的祝福與保護大能。在時間的末了，當我的名宣告出來，一切在天上的、地上的，和地底下的無不屈膝。那些濫用我的名作為低劣髒話的人，將會在那神聖之日墜落於恐懼驚駭之中。但那些心懷信靠呼喊我名來親近我的人，會充滿說不出來、滿有榮光的大喜樂。當你等候我再來時，這就是你偉大的盼望。

以弗所書六章 12 節；撒母耳記上十七章 47 節；

腓立比書二章 9-10 節；彼得前書一章 8-9 節

# 12月4日

　　我的意念非同你的意念；你的道路亦非同我的道路。天怎樣高過地，照樣，我的道路高過你們的道路；我的意念高過你們的意念。當你分別時間與我相處時，你要記得「我是誰」。你竟得以與宇宙君王溝通交融，因此，你要每時每地驚嘆這份奇妙，絕不要把這奇妙的殊榮視為理所當然！

　　雖然我遠比你崇高偉大，我卻正在操練你思想我的意念。當你花時間處在我的同在裡，我的意念就逐漸在你心中成形。我的靈掌管指揮這個過程。有時祂會把聖經經節帶入你心中，有時祂使你能夠聽見我直接「對你說話」。這些溝通會堅固你，預備你面對生命道路前方的一切。分別時間聆聽我的聲音。當你將寶貴的時間獻上，我就大大祝福你，遠超過你所求所想。

以賽亞書五十五章 8-9 節；歌羅西書四章 2 節；

詩篇一一六篇 17 節

耶穌的叮嚀

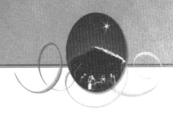

## 12月 5日

讓我的同在凌駕你一切經歷。我的光就像一面光亮的面紗，在你及你周圍的上方盤旋。我正操練你在一切遭遇的情境中體察我。

當成年的雅各逃離他憤怒的哥哥時，他拾起荒野的一塊石頭枕在頭下睡覺。但在他夢見天國、天使與我同在的應許之後，他醒來呼喊：「耶和華真在這兒，我竟不知道。」不僅他有如此發現，所有尋求我的人都會有此發現。無論何時，當你覺得與我疏離，就說：「耶和華真在這兒！」然後求我讓你體察我的同在，因為這是我樂意應允的禱告。

~~~

詩篇卅一篇 20 節；創世記廿八章 11-16 節

耶穌的叮嚀

**不斷與我保持親密，**你就不會偏離我為你預備的道路。這是守住正道最有效的方式，也是最愉快的方式。世人常會擴增宗教裡的儀節義務，因為這種慣例使他們能對我付出金錢、時間與努力，卻不用獻上我最渴望的；他們的真心。規條可能會變得呆板機械化。一旦他們變成慣性行為，人們毫不費力；甚至毫不用心也能遵守。這些形成習慣的規條帶給人錯誤的安全感，引誘靈魂進入昏睡。

我在我的兒女身上尋求的是甦醒的靈，因我的同在而激動喜悅！我創造人類來永遠榮耀我與享受我。我賜下喜樂；而你的職責，就是與我親密生活來榮耀我。

申命記六章 5 節；歌羅西書三章 23 節；

詩篇十六篇 11 節

# 12月7日

　　我在一切事上都與你同在，甚至是在最枯燥的工作上。我總是掛念著你，思量你生活的每個細節。沒有一件事逃出我的注意力，即便是你頭上的頭髮。然而，你對我同在的察覺不斷搖擺閃爍；結果，你覺得人生經驗好像切割片段一樣。當你的焦點廣到足以將我涵蓋在你的思想中，你就會覺得安全與完整。當你的思慮狹隘，難題或細節就會充滿你的意識，使你覺得空虛不完整。

　　要學習每時每地都堅定凝視我。雖然這世界變化多端、欠缺穩定，你卻能透過不斷體察我的同在，經歷我永恆的平安。即使這眼所見的世界在你眼前招搖過市，你仍要顧念所不見的。

馬太福音十章 29-31 節；希伯來書十一章 27 節；

哥林多後書四章 18 節

## 12月 8日

　　**你的需要與我的豐盛是絕配。**我從不要你自給自足，相反地，我創造你不僅在日常所需上需要我，也在內在深切的渴望上讓我滿足你。我精心製作你的渴望與不完整的感受，好使你歸向我。因此，不要試圖埋藏或否認這些感覺。也小心不要用那些偶像：人、財產與權力來安撫這些渴望。

　　卸下防衛，帶著渴望蒙福的心，將你一切需要帶到我這兒。當你分別時間在我的同在裡，你最深的渴望就會得到滿足。要因你的需要而歡喜快樂，因為它使你得以在我裡面找到親密的完整。

腓立比書四章 19 節；歌羅西書二章 2-3 節

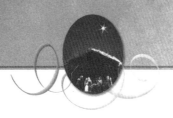

要樂意與我一同冒險。如果這是我要帶領你前往的地方，那麼這就是最安全的地方。你想要生活裡沒有風險的渴望，就是一種懷疑不信。你想要與我親密同活的渴望，與你想要將風險降至最低的意圖相矛盾。你正接近旅途上的十字路口。為了全心跟從我，你必須不再渴望拒絕冒險。

讓我一步步帶領你度過這一天。如果你的首要焦點在我身上，你就能毫無懼怕地走過危險的路途。最終，你會學習放鬆並享受我們同行旅途的冒險。只要你與我保持親近，我統管一切的同在就會在你所在之處保護你。

詩篇廿三篇 4 節；詩篇九篇 10 節；約翰福音十二章 26 節

　　讓我成為你尋求安全感的中心焦點。在你隱密的意念中，你仍然試圖命令這世界，好讓它變得更可預測與安全。這不僅是不可能的目標，也會使你屬靈的成長產生反效果。當你感到自己私密的世界不穩，抓緊我的手尋求支撐，你就是有意識地倚靠我。

　　不要渴望生活裡沒有難題，而要高興難題能夠使你更加感知我的同在。在困境的黑暗中，你就更能看清楚我臉上的榮光。接納今生難題的價值，將它們視為大喜樂。記住！在天國中，無憂無慮的永恆正等著你。

以賽亞書四十一章 10 節；詩篇一三九篇 10 節；

雅各書一章 2 節

　　**我正為你動工。**將你一切的憂慮，包括你的夢想都交給我。與我談論每件事，讓我同在的光照亮你的盼望與計畫。分別時間讓我的光注入你生命的夢想，逐漸將它們轉為現實。這是與我同工非常實際的方法。我，宇宙的創造主，本來就定意要與你共同設計。不要試圖加速這個過程。如果你渴望與我同工，就必須接受我的時程。匆忙不是我的本質。亞伯拉罕與撒拉必須等候多年，才看見我給他們一個兒子的應許實現。他們的長期等待是如何大大增強了對這個孩子的喜悅！因為信就是所望之事的實底，是未見之事的確據。

詩篇卅六篇9節；創世記廿一章1-7節；希伯來書十一章1節

　　*我照顧你。*感受被我愛的同在包圍的溫暖與安全。你生命的所有細節都在我掌管之中。不僅如此，萬事都互相效力，叫愛我的人得益處，就是按我旨意被召的人。

　　因為這世界已處於反常畸形的墮落狀態，世人常會認為掌管宇宙的是機率。事件看來好像隨機發生，鮮有意義或沒有意義。如此看世界的人忽略了一個基本事實：人類的理解力是有限的。你對自己所居世界的認識，只是冰山一角。埋藏在眼所見世界下的，是浩瀚到你無法理解的奧祕。但願你能看見我與你多麼親近，我是如何不斷為你動工，你就永遠不再懷疑我對你驚人的眷顧與保守。這就是為何你行事為人必須憑著信心，不是憑著眼見；你要信靠我奧祕、君尊的同在。

羅馬書八章 28 節；約伯記四十二章 1-3 節；

彼得前書五章 7 節；哥林多後書五章 7 節

分別時間，使自己成聖。「聖潔」這個詞並不是假冒偽善；而是分別自己為上帝所用，這也是靜默時刻中，我的同在正在你心中成就的工作。當你使心靈專注於我，你就會改變，你會重新被塑造為我創造你該有的樣式。這個過程需要時常分別時間來與我交通。

這項操練有無限益處。當你浸潤在我同在的光中，你的身心就獲得更多醫治。你經歷了我的親近，使你信心增長，充滿平安。你敞開自己領受我為你預備的諸多祝福。你成為我聖靈的殿，照著運行在你心裡的大力充充足足地成就一切，超過你所求所想。這還只是靜默在我同在裡的諸多益處中的幾項而已。

帖撒羅尼迦後書一章 10 節；詩篇廿七篇 4 節；

哥林多前書六章 19 節；以弗所書三章 20 節

　　我兒，在我裡面安歇，忘了這世界的煩憂。定睛在我，以馬內利的神與你同在；讓我親密的同在將你覆蔽在我的平安裡。調頻進入我永恆的安全裡，因為我從昨日、今日、一直到永遠，都是一樣的。如果你專注在瞬息萬變的現象上，倚靠生命的虛浮表面而活，你就發現自己也在應和著所羅門的話：「虛空的虛空，虛空的虛空，凡事都是虛空！」

　　與我同工的生活，是為你的年日注入意義的方法。與我獨處來開啟這一天，好使你能經歷我同在的真實。當你分別時間與我獨處，你前方的道路就一步步開啟。自我們合一的靜默中起身，逐漸啟程你的一天。牽我的手專心倚靠我，我就會鋪平你前方的路。

希伯來書十三章 8 節；傳道書一章 2 節；箴言三章 6 節

你對天堂的渴望是好的，因為這是你渴望我的延伸。對天國的盼望本該鼓勵你、給你力量，使你充滿美妙的喜樂。許多基督徒誤解了「盼望」這個詞，相信盼望表示寄予希望的意念。沒什麼比這更偏離事實了！只要我一成為你的救主，天國就是你的終極目的地。「天國的盼望」一詞突顯了你即使在世上，也得以享有的益處。這盼望使你在困境中的黑暗時刻依然保持靈性活潑，它照亮你的路並使你更能察覺我的同在。我渴望你藉著聖靈的能力，內心充滿諸般的喜樂。

羅馬書八章 23-25 節；希伯來書六章 18-20 節；

羅馬書十五章 13 節

## 12月16日

我在你心靈深處說話。你要靜默，如此才能聽見我的聲音。我說的是愛之語；我的話語使你充滿生命與平安、喜樂與盼望。我渴望對我所有的孩子說話，但許多人都太忙沒有時間聽。「職業道德」使他們陷入困境；他們全心服從嚴厲的監工，心中納悶為何自己感覺與我如此疏遠。

與我親密生活必須使我成為你起初的愛，也就是在你的生活中具有最高優先順位。當你尋求我的同在超乎一切，你就經歷完全的平安與喜樂。當你使我成為你生命中的首位，我也同受禮讚。當你在我的同在中行生命旅途，我的榮耀就顯現照耀你周圍的世界。

以賽亞書五十章 4 節；啟示錄二章 4 節；

以賽亞書六十章 2 節

帶著你巨大的空虛來我這兒，明白你在我裡面就得以完全。當你安靜歇息在我的同在中，我在你心裡的光就愈照愈明。面對你內在的空虛只是充滿我豐盛的開端。因此，要在你拖著身子起床，覺得無精打采而心有餘力不足的那些日子裡歡欣喜樂；告訴自己，這是以赤子之心倚靠我的絕佳時機。如果你堅持不懈；在一天裡信靠我，你會在就寢時發現，喜樂與平安已成為你的夥伴。你也許不明白它們在何時參與了你的旅程，但你會感受到它們同在的益處和果效。這一天的完美句點，就是感恩的頌讚；我是一切祝福湧流的源頭！

哥林多後書四章6節；馬太福音五章3、6節；

歌羅西書二章9-10節；詩篇一五〇篇6節

耶穌的叮嚀

## 12月18日

　　當你受到反覆出現、沒完沒了的難題困擾時，要將它看作是個大好機會。正在發生的難題，就像是你隨侍在側的教師，而受益多少；取決於你願意受教的程度。求我開你的眼與心，使你明白我要透過困境成就在你身上的一切。一旦你為困境心懷感恩，它就失去了拖你下沉的力量。相反地，你感恩的心會高舉你與我進入天國。由此看來，你的困境可看作是至暫至輕的苦楚，要為你成就極重無比、永遠的榮耀。

以賽亞書三十章 20-21 節；哥林多後書四章 17 節

## 12月19日

**不要被生活的雜亂無章壓垮，**有時那些只是瑣碎的雜事，沒什麼順序可言。如果你太專注在這些小事上，試圖把它們全都搞定清空，你會發現它們根本沒完沒了。無論你付出多少心力，它們都會將你吸乾。

不要試圖一次做完所有家務，選擇今日必須完成的就好。讓其餘的工作隱入你腦海的背景中，好讓我能身處你的意識前線。切記！你的終極目標是，與我親密同活，對我的動議負責。當你的心有條不紊轉向我時，我就最能充分與你溝通。一整天都要不斷尋求我的面；讓我的同在釐清你的思緒，將平安注入你的全人。

箴言十六章 3 節；馬太福音六章 33 節

耶穌的叮嚀

當我道成肉身，降生為人最卑微的狀態時，我的榮耀隱藏，只向少數人顯現。偶爾，我的榮光也會散發出來，尤其是當我開始行神蹟奇事的時候。在我生命的末期，我受到仇視，也想要展現超出我父計畫所允許的神奇能力。我本可在任何時候招來天使軍團搭救我。想想看，對一位能釋放自己的殉道者而言，這需要多少的自制！但這都是為了成就你如今能享受與我的關係所需要的。讓你的生命成為對我的讚美詩歌，對世界宣揚我榮耀的同在。

約翰福音二章 11 節；路加福音廿三章 35-36 節；

詩篇九十二篇 1-5 節

　　我對你生命的計畫正在你面前展開。有時,你行走的路途看似被堵住,或是以令人痛苦的緩慢速度開啟,使你必須控制住自己。接著,當時機成熟,你前方的路忽然暢通,這完全不是因為你的努力,而是我的作為。我將你所渴望與奮鬥的成果慷慨地呈現給你,作為白白的恩賜。你因我運籌帷幄的輕省而敬畏,你也開始認識我的能力和我的榮耀。

　　不要懼怕你的軟弱,因為那是我能力和榮耀輝煌展現的時機。當你在我為你預備的路上一路持守,倚靠我的力量扶持你,期待看見神蹟,你就會看見神蹟。神蹟並非總是肉眼可見,但行事為人憑著信心的人,卻能清楚見識。當你行事為人憑著信心,不憑著眼見,你就能看見我的榮耀。

詩篇六十三篇 2 節;哥林多後書五章 7 節;

約翰福音十一章 40 節

*來我這兒，安歇在我的同在中。* 在你思想耶穌道成肉身的莊嚴奧祕時，也同時在我的同在裡安歇。我是惟一從聖靈而生的聖子，這超越你的理解。不要嘗試用知識理解我的道成肉身，而要學習聖經裡博士的榜樣。他們跟隨閃耀星辰的帶領，然後在尋見我時，謙卑地俯伏敬拜。

讚美與敬拜，是對我奇妙存在的最佳回應。對我的聖名吟唱讚美詩，靜默愛慕地仰望我。在你生命中尋找引導你的星辰，樂意跟從我一切的帶領。我是清晨的日光，從高天臨到你，把你的腳引到平安的路上。

路加福音一章 35 節；約翰福音一章 14 節；

馬太福音二章 9-11 節；路加福音一章 78-79 節

我是萬王之王、萬主之主，住在人不能靠近的光裡！我也是你的牧者、同伴與朋友，我永不鬆開你的手。在我聖潔的君尊裡敬拜我；親近我，安歇在我的同在中。你需要身為真神的我與降生為人的我，惟有我道成肉身降生在那最初、許久以前的耶誕，才能滿足你的需要。由於我採取如此極端的方式拯救你脫離罪，你就能有把握我會豐豐富富賜你一切所需。

好好滋養你對我身為你救主、君王與朋友的信任。我毫無保留地供應你一切。我甚至將自己設計內住在你心中！因我為你成就的一切歡喜快樂，我的光就會透過你照亮這世界。

提摩太前書六章 15-16 節；詩篇九十五篇 6-7 節；

羅馬書八章 32 節；彼得後書一章 19 節

　　我從永恆深處對你說話。世界還未形成之前，我就已是從亙古到永遠的上帝！你在心靈深處聽見我，那是我建造居所之地。我是基督，在你心裡成了有榮耀的盼望。我，你的主與救主，活在你的心裡面。學習在靜默中尋求我，調頻至我活著的同在中。

　　在你慶賀我奇妙的降生於伯利恆時，也要慶賀你重生進入永生。這永恆的恩賜，是我進入你被罪所玷汙的世界之惟一目的。以敬畏與謙卑領受我的禮物。分別時間發掘我愛的長闊高深。讓感恩自你心豐沛地湧流，回應我榮耀的恩賜。又要叫基督的平安在你心裡作主；且要存感謝的心。

詩篇九十篇 2 節；歌羅西書一章 27 節；歌羅西書三章 15 節

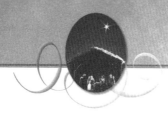

## 12月25日

　　當你在我同在中專心等候，你明白我榮耀的光照在你的面上。這榮美的體認超越了你一切有限的理解，改變了你每一絲心思意念；它會更新你的頭腦，潔淨你的心，甦活你的身體。全然敞開自己歡迎我的同在，因我榮耀的存在心存敬畏。

　　試著想像一下，當我成為嬰孩降生世界時，我放棄了什麼。我擱置了自己的榮耀，好讓我能與人類感同身受。我接受了一個嬰孩在最艱苦環境；骯髒馬槽裡的限制。雖然天使點亮天空，對滿心敬畏的牧人們宣告「榮耀！」但那對我來說，卻是個黑暗的夜晚。

　　當你安靜與我同坐，我所經歷的歷程就在你的經驗中倒帶重現。當你認同我，天國的願景就在你面前開啟，讓你一瞥我的榮耀。我為你成了貧窮，叫你因我的貧窮可以成為富足。對我的聖名高唱「哈利路亞！」

哥林多後書四章 6 節；腓立比書二章 6-7 節；

路加福音二章 13-14 節；哥林多後書八章 9 節

　　　　　　　　　　　耶穌的叮嚀

## 12 月 26 日

　　**我是不斷贈與的禮物**，豐豐盛盛、不帶任何條件。無條件的愛是個如此激進的概念，甚至連我最忠心的跟隨者也無法完全體會。天上、地下斷沒有任何事能使我停止愛你。也許當你的表現達到期望時，覺得自己較為人所愛。但我對你的愛是完全的；不隨情境變化，會變的是你對我愛的同在的感知。

　　當你對自己的行為不滿，你會覺得自己不配得我的愛。你可能會不自覺地懲罰自己，遠離我並在我倆之間築起藩籬使我不滿。你沒有回轉向我領受我的愛，反而試圖更賣力地贏得我的肯定。一直以來，我心痛著渴望將你擁在我永久的膀臂中，用我的愛包圍你。當你覺得自己一無是處沒有人愛，來到我這兒吧，求我賜你領受我永恆之愛的能力。

約翰一書四章 15-18 節；申命記卅三章 27 節；

詩篇十三篇 5 節

　　我正預備你面對前方路途轉彎處的一切。分別時間靜默在我的同在裡，好讓我能使你得力。你愈忙碌，就愈需要分別時間與我獨處。好多人以為花時間與我獨處是他們負擔不起的奢侈。結果他們靠自己工作生活，直到精疲力竭。然後他們要不就呼求我的幫助，要不就變得苦毒。

　　與我親密同行，倚靠我的力量並在一切景況中信靠我，豈不是好得多？如果你這樣過生活，你將會事半功倍。你不疾不徐的生活步調會在這瘋狂競速的世代中脫穎而出。有些人可能覺得你懶惰，但更多人會因你的平靜安穩蒙福。與我同行光中，你就會向這虎視眈眈的世界反映我。

以賽亞書六十四章 4 節；約翰福音十五章 5 節；

詩篇卅六篇 9 節

　　我是你的避難所，是你的力量，是你在患難中隨時的幫助。因此，你毋須害怕任何事，即使環境發生巨變也動搖不了你。媒體愈來愈喜愛報導引發恐懼的主題，如恐怖主義、連環殺人犯與環境災變等。如果你專注在這些危險，而忘了我是你在一切景況中的避難所，你就會愈來愈恐慌。每一天，我都在無數的地方與環境裡彰顯我的恩典，但媒體卻毫不注意。我不僅在地球上澆灌下祝福，也賜下公開的神蹟。

　　當你與我更加親近，我就開你的眼使你更能看見，我在你的周圍與你同在。多數人幾乎注意不到的事物，就像太陽的光影飄移，會使你的心充滿喜樂。你有眼可見、有耳可聽，因此要對這世界宣揚我不變的同在。

詩篇四十六篇 1-3 節；詩篇八十九篇 15 節

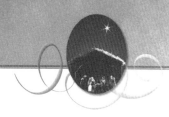

## 12月29日

**全心全意信靠我！**我能在你身上以及透過你所成就的，與你倚靠我的程度成正比。倚靠我的程度可分為兩方面。一方面是：你在危機或重大決定上信靠我的程度。有些人在這兒悲慘地跌倒，有些人卻在困境中全力而為。另一方面是：你是否持續信靠我。在困境中信靠我的人，在生命平順時可能會忘了我。困境能搖撼你使你意識到自己對我的需要，但一帆風順則會使你鬆懈麻木，以為可以自給自足。

我對你日常生活裡信心的一小步，與你信心的一大步一樣關心。你也許以為沒人注意到，但那始終與你同在的獨一真神卻目睹一切，並歡喜快樂。不斷信靠我極為重要，能使你在我的同在裡發旺。

詩篇四十篇 4 節；詩篇五十六篇 3-4 節；

詩篇六十二篇 8 節；以賽亞書廿六章 3-4 節

*12* 月 *30* 日

　　我正一路引導你，走在我為你量身訂做的道路上。你愈親近我，愈能全然成為真我，也就是我所創造你的樣式。因為你獨一無二，你與我同行的道路與他人的道路漸行漸遠。然而，在我奧祕的智慧與道路中，我使你得以跟隨屬於自己的道路，同時也與他人連結。事實上，你愈將自己完全獻上給我，你愈能自由地愛人。

　　為與我同在交織而成的生命之美大大驚嘆吧。在我們親密溝通同行時歡欣喜樂。享受因著在我裡面放棄自己，卻反而找到自己的冒險歷程。

哥林多後書五章 17 節；以弗所書二章 10 節；

約翰一書四章 7-8 節；約翰福音十五章 4 節

## 12月 31日

　　在這一年要結束時，領受我的平安。這仍是你最深刻的需要，而我，和平君王，渴望將我自己傾注於你的匱乏中。我的豐盛與你的空虛是絕佳配搭。我創造你無法靠自己得到滿足。我創造你成為瓦器，分別為聖。我要你充滿我的存在，絲絲浸透著我的平安。

　　為著我平安的同在感謝我，無論你的感覺是什麼。用愛的溫柔呢喃我的名。我的平安，不斷內住在你靈之中，將會逐漸透過你的全人成就工作。

以賽亞書九章 6 節；哥林多後書四章 7 節；

約翰福音十四章 26-27 節

My Life PL103-1

# 耶穌的叮嚀

原　　著／莎拉揚
譯　　者／程珮然
發 行 人／黃聖志
出 版 者／保羅文化出版有限公司
地　　址／台北市10686忠孝東路四段206-1號1樓
總 代 理／財團法人基督教以琳書房
網　　址／www.elimbookstore.com.tw
讀者信箱／reader@elimbookstore.com.tw
臉　　書／www.facebook.com/elimfb
電　　話／（02）2777-2560 轉211、215
傳　　真／（02）2711-1641
郵政劃撥／0586363-4 財團法人基督教以琳書房
登 記 證／局版臺業字第2854號
總 經 銷／貿騰發賣股份有限公司
網　　址／www.namode.com
版權所有・請勿翻印
出版日期／2011年10月一版1刷，2022年9月二版1刷
再版年份／30 29 28 27 26 25 24 23 22
再版刷次／18 17 16 15 14 13 12 11 10 09 08 07 06 05 04 03 02 01

Jesus Calling © 2004 by Sarah Young
Complex Chinese language edition arranged with Thomas Nelson, Inc.,
through The Grayhawk Agency. Originally published in English under the
title Jesus Calling. Complex Chinese edition Copyright © 2011 by Paul
Publishing Co., Ltd. All Rights Reserved. Printed in Taiwan.

**國家圖書館出版品預行編目資料**

耶穌的叮嚀／莎拉揚（Sarah Young）著；程珮然 譯. --
二版. -- 台北市：保羅文化出版有限公司, 2022.09
　　面：　　公分. 　（My Life: PL103-1）
譯自：Jesus Calling
ISBN 978--986-6202-38-4（精裝）

1. 基督徒 2. 靈修

244.93　　　　　　　　　　　　　111014314